LA ESCURRIDIZA SOCIEDAD CIVIL

Jorge Luis Muñoz

ÍNDICE

Prólogo

De alguna manera me debió afectar el hecho de pensar lo pernicioso que puede llegar a ser un libro. Nunca quise ni pude escribir algo que pareciese un libro y de hecho lo único que me entusiasmaba era idear las posibilidades de una especie de libro multimedia que rompiera la soledad en la que nos sumerge la lectura. Todavía sigo pensando que la mejor lectura de cualquier libro es la colectiva, en la que participan todos no solo a manera de oyentes, costumbre un tanto juglaresca ya sin el encanto de las mentiras y exageraciones del narrador. La lectura colectiva nos provee de alguna defensa contra la impune formación reticular que practica la lectura individual en nuestro cerebro. Es difícil defenderse de la formación de redes neuronales durante la lectura silenciosa, defensa imposible cuando se busca entender un libro, en el que necesariamente encontramos ideas y opiniones parciales y sustancialmente equivocadas desde múltiples puntos de vista (muchos más que los puntos de vista desde los que se acierta).

De joven me imaginé escribiendo algo espectacular de tan bueno, pero se me fue pasando esa fiebre conforme conocí a algunos de los llamados intelectuales. Ellos fueron otro accidente que, junto con los apremios para conseguir la subsistencia, me hicieron escritor a salto de mata. El resentimiento se encargó de hacer el resto, ahora descubro que no he escrito libro alguno, que lo que he logrado es esta especie de panfleto. Gran parte de lo que aquí se escribe fue hecho como respuesta a algún proyecto de intervención social, escritos que se fueron acumulando al lado de decepciones y nuevos resurgimientos de la gana por no quedarse a ver la TV como proyecto de vida. La mayoría de los trabajos fueron hechos con retazos de experiencias, de ideas, de eructos unidos con el único hilo que intentaba de alguna manera decir que había que dejar de escribir y de pensar para poder pasar a otro momento de la historia. Intento decir que es tiempo de la revolución cool ahora que las revoluciones ya no son motivadas por la lógica del capital. Es tiempo del surgimiento de colectivos que habrán de fundar nuevas formas de existencia.

Un panfleto más carece de sentido ahora que toda escritura parece estar de más, sin embargo, es imposible permanecer callado ante la guerra civil que se cocina en México, los grupos de poder se han desatado y alegremente crean nuevos y renovados grupos guerrilleros que cocinan una nueva revuelta. En tanto, los grupos armados son utilizados para presionar en la negociación política. Es decir, imposible permanecer impávido estando en medio de fuerzas infames (las gubernamentales y las guerrilleras) que se disputan el poder mediante la violencia. Poco a poco de manera concienzuda se ha ido construyendo un aparato militar clandestino que va a ser muy difícil de controlar, ante ese inminente peligro urge intentar otros caminos ajenos a la disputa mezquina del poder.

Se que aspiro a haber hecho algo que se ubicara en una época de silencio, en que la palabra recobrara su perdida dignidad, en que solo se usara para platicar mentiras manifiestas, mentadas de madre, recetas útiles e inútiles, quejidos, rebuznos y, en fin, que solamente se usara para escribir las vaguedades para lo cual está magníficamente equipada la lengua, y la escritura como uno de sus reflejos.

Un libro decente debiera incluir alguna sentencia que lo demeritara, que mostrara todos los aspectos en los que falla o al menos algunos puntos parciales que lo ubicasen como una opinión necesariamente parcial, aunque con pretensiones mayores. Incluso en una novela o un cuento debiera confesarse que solamente se tocan aspectos parciales de una realidad imposible de captar mediante la escritura y por tanto, que se ofrecen parcialidades mal encaminadas aunque no poco atractivas o seductoras. De hecho, debiera prevenirse sobre la lectura y advertirse que debiera tomarse con extremo cuidado. Para este libro no ha sido necesaria prevención alguna, el mismo es una débil voz ante la magnitud de los monstruos que lo devoran aún antes de nacer.

Vaya pues este panfleto o arenga que no lo sería si se quedara atorada en mi computadora.

INTRODUCCIÓN

La Política Estéril

El Término "Sociedad Civil" que "Marcos" puso de moda no es preciso, pero en términos generales parece referirse a todos aquellos que no están incorporados al aparato del poder, es decir, a un puesto en el gobierno o dependiente del gobierno. La Sociedad Civil es pues un agregado humano antes que una comunidad. Ese agregado se distingue por tener ligas laxas o generalizantes desprendidas del salario, de los servicios (de salud, recolección de basura, transporte, etc.), de alguna identidad nacional o regional, estar sometidos a un poder común o alguna otra relación homogenizante que hace laxa la relación que se establece entre los agregados. O sea, la Sociedad Civil se conforma con lo que todos conocemos como ciudadanos "comunes y corrientes" relacionados de manera general al interior del agregado humano que conocemos como sociedad.

Una de las relaciones que ocurren al seno de la Sociedad Civil es la política, es decir, la actividad común que establecen grupos de individuos en torno a la solución de problemas de la sociedad en que se inscriben, sean estas de orden electoral, económico o de cualquier orden que los afecte como agregado. En esa relación política es donde se fragua la dominación contemporánea y en donde se construye la realidad que se resiste al cambio.

El sistema político heredado del PRI limita a la Sociedad Civil a la grilla, es decir, a la actividad política consistente en reducir el accionar político al orden discursivo y a acciones de poco alcance o de plano intrascendentes. Por razones obvias el PRI se reservó la participación en las decisiones y acciones trascendentes en cuanto que afectaban la vida de la nación o de regiones y ciudades enteras. En su versión más simple la grilla priísta que recibió en herencia la Sociedad Civil, consiste en la charla y la discusión interminables; en la parte activa, la grilla se limita a la manifestación callejera fundamentalmente la marcha, el mitin o cualquier otra acción normalmente desligada de proyectos concretos o amplios que repercutan en la creación o consolidación de un poder real y duradero[1].

Las formas de manifestación callejera son manifestación de impotencia o de exigencia débil cuando no se tiene un poder que las respalde. En casos muy especiales la manifestación callejera supone apoyo o festejo, pero este caso es más bien excepcional y normalmente se relaciona con triunfos deportivos o con celebraciones relacionadas con eventos anclados en la identidad, tal cual lo son los festejos por triunfos deportivos. Para efectos políticos una manifestación callejera o es manifestación de impotencia o lo es de poder.

La manifestación sin respaldo de fuerza es la más pura expresión de la manera en que se ha implantado una forma de hacer política, ya que ésta no se entiende como la posibilidad de transformar directamente, sino que se espera que otro actúe movido por la manifestación, en consecuencia, quienes resultan aludidos tienen la opción de interpretar la manifestación y en su caso derivarla hacia acciones que no necesariamente

---

[1] El poder real para serlo debe ser duradero, ya que un poder asentado solo en el carisma, en la convocatoria o en la revuelta suele debilitarse o disolverse con el tiempo o ante una oportunidad adversa. Un poder como el que ha fundado la derecha, respaldado en las armas, en la propiedad de los medios de producción, del aparato financiero, etc. dura aún después de caer en el desprestigio y eso le permite reconstruir su imagen. Tal movimiento es posible en tanto que un respaldo firme del poder se refleja en la subsistencia cotidiana de la gente: produce alimentos, calzado, vestido, habitación, entretenimiento y todo un modelo de vida y satisfactores.

Un poder coyuntural que no se auto reproduce en la duración es necesariamente efímero.

cumplen con lo demandado. Ejemplos sobran, la gran manifestación contra la delincuencia de mediados de 2004, fue interpretada de manera múltiple e igualmente manipulada pero no repercutió en una disminución de la inseguridad.

Es difícil decirlo y mucho más admitirlo, pero lo que conocemos como Sociedad Civil, la única forma que tiene de manifestarse políticamente es mediante el modelo priísta de participación pasiva, es decir mediante la grilla estéril. No es lo mismo la grilla de quien aspira a un puesto, a la grilla de buena fe pero estéril. Esta se practica cuando, de buena fe, (que es el caso de la Sociedad Civil) se llega a participar en las campañas políticas de los políticos profesionales (interesados únicamente en el puesto), pero creyendo que se tal político atenderá las cosas que motivan la participación ciudadana.

El modelo priísta de participación política no admite excepciones, la razón y la iniciativa la tiene solamente el líder. Tal modelo se repite en la cámara de diputados, en la de senadores, en el ejecutivo, en la oficina (sea burocrática o privada). La iniciativa solamente vale si el jefe o el líder la solicitan o si les acomoda. Por ello cuando algún elemento que participa en movilizaciones u organizaciones sociales propone algo fuera de la grilla estéril (la lucha por puesos), es rápidamente nulificado y, en su caso, excluido. La voluntad de construir un poder real que respalde material, política y socialmente (como en el caso zapatista) a un movimiento u organización parece excluida del hacer político de la Sociedad Civil o ha llegado al mínimo de su expresión ahogándose en palabras e interminables discusiones.

La grilla que practica la Sociedad Civil tiene profundas raíces que se desprenden de manera compleja desde el pasado indígena y español, poco a poco empezamos a ver estudios que nos hablan de la cotidianidad de esos pasados (como el de López Austin sobre la religión náhuatl[2]), pero falta aún ligarlos para poder entender como es que persiste una costumbre grilleril aún cuando el PRI ya no está en el poder.

La base de tal accionar político es la calidez de nuestra cultura, en donde aún persisten ligas familiares muy fuertes y en donde el trato es estrictamente personal. Ganarse la confianza de una persona es un trabajo que requiere de años y de trato personal estrecho.

En ese tenor, las reuniones políticas en que participan elementos de la sociedad civil, sean encabezados o no por políticos profesionales, normalmente discurren entre animadas charlas, propuestas que nunca se cumplen y acuerdos para una próxima reunión. La reunión vale por ella misma ahí, el individuo acostumbrado a la calidez de sus relaciones ancestrales se siente cobijado, entre gente de confianza y eso le basta, pareciera que el arrullo de la charla y el calor del grupo lo adormecen, de tal suerte que lo colman y no parece requerir nada más, o al menos nada más que rebase la mera charla. Tal es la fuerza de la costumbre arraigada por el priísmo.

En tales reuniones, llegan a acordarse la realización de marchas, mítines y todo tipo de actividades callejeras, a las cuales se asiste por el compromiso con el grupo, antes que con la actividad que se acuerda y ni mucho menos con los fines que se persiguen. Se asume una actitud (que no necesariamente es creída o pensada) de confianza en el líder, o en alguien que concretará los fines que se persiguen. Hay en tal actitud, desde luego, un pasado de cudillismo, en donde el caudillo era la expresión y voluntad de sus seguidores; pero en estricto rigor se deposita la confianza en el líder por la confianza que se le tiene como persona cercana, antes que por sus cualidades de líder o de caudillo capaz de encabezar una causa. Tal cosa nos lo muestran las verdaderas luminarias grises que son miembros de las legislaturas nacionales y locales, funcionarios y líderes quienes

---

[2]López Austin, Alfredo. "La religión, la magia y la cosmovisión" en: Historia antigua de México IV, coord. Linda Manzanilla y Leonardo López. INAH-UNAM-IIA. Méx. 2001.

su máxima virtud es haberse hechos profesionales de la consecución del puesto que, aunque no se les regatean méritos, habla de la falta de perspectivas de quienes debieran ser una rica fuente propositiva.

Contribuye a lo anterior nuestro pasado omniteista, en donde fuimos y somos capaces de abrazar a dioses ajenos sin menoscabo del nuestro. No fuimos ni somos como los griegos que eran politeistas al adorar a varios dioses, sino que en nuestro caso admitimos la existencia de dioses diversos y siempre estamos dispuestos a compartirlos y abrazarlos, aunque no necesariamente a adorarlos. Nadie parecemos dispuestos a matarnos por nuestros dioses ni tan siquiera a pelearnos (aunque habría que admitir que este panorama está cambiando con la introducción de las llamadas iglesias cristianas), en vez de eso los compartimos. Se puede ser devoto de San Judas Tadeo e ignorar al Niño de Atocha, pero llegado el momento ambos pueden convivir admirablemente en un mismo domicilio. Desde luego, nadie ignoramos que los santos que adoramos son verdaderos dioses y que ya solo es formal la dependencia de éstos de un ser supremo. La iglesia tiene que tolerar actitudes paganas, de ello depende su supervivencia.

De ese paganismo surge la conocida actitud políticamente híbrida, en donde en realidad no encontramos mucha gente que se defina en torno a una doctrina, línea política o proyecto social. Se puede ser hoy de derecha, mañana de centro o de izquierda y eso no significa gran cosa. Lo realmente significante es lo que se logra, de ahí que la izquierda en nuestro país confunda poder con puesto dentro de la administración, porque finalmente hay cierta homogeneidad de creencias, de divinidades, de ideologías, por tanto, lo que está en disputa son los dineros y los puestos que lo proveen. De ahí que el nacimiento de las tribus políticas es impresionantemente fácil, casi son generación espontánea en el PRD y desde siempre lo han sido en el PRI. El PAN se cuece aparte, en ellos domina una sola tribu desde que el neopanismo se apoderó del partido.

La izquierda ha creído ver en tal actitud una falta de madurez política, sin embargo ese rasgo no es predominante, lo que existe es una clara identificación personal con los líderes y grupos. **Lo que existe son lealtades antes que convicciones.**

Trabajar en base a la lealtad antes que en convicciones, finalidades o necesidades es lo que provee a los políticos de un instrumental que pueden explotar indefinidamente, porque la gente asiste a hacer política buscando lealtades y otorgándolas, dejando relegados los fines y propósitos.

Una vez que se ha dicho lo que se quiere, lo que se va a hacer o lograr, se sostiene una actitud que al parecer indica que lo dicho ya está hecho, al menos virtualmente hecho y que lo único que falta es verlo, sin que nadie se preocupe demasiado de que manera se va a lograr. Esto es así en tanto que se parte de que la lealtad no puede ser rota y la lealtad comprende lealtad entre personas y sus acuerdos. De ahí que una vez dicho todo, todo mundo se retira a su casa contento de haber cumplido. Se trata a la palabra como si fuese divina, como si con solo nombrar a las cosas, estas se hiciesen realidad.

No ignoramos que hay muchas explicaciones de lo anterior que van desde la manipulación hasta la falta de madurez de la gente, pasando por estados sicológicos que explican la conducta social. Pero en realidad estas explicaciones nunca han permitido cambiar la mentalidad priísta que prevalece en nuestro país, consistente en que los actos más importantes de una reunión política es la presencia y el levantamiento del dedo.

La organización política en base a lealtades personales, que es el caso de la grilla, tiene como principal motivación el puesto, el cual se maneja como si fuese el poder. Se equipara el poder con el puesto sin advertir que en realidad se accede a un nivel de subordinación sin mayor meta o fin que el sostenimiento en el puesto mismo. La vocación de poder se reduce a una voluntad de búsqueda del puesto, por lo que una vez llegado a él, solamente queda escalar más puestos, lo que eufemísticamente se llama: alcanzar más poder.

En nuestro país quedó claro que la presidencia es un poder potencial, atado por los capitales nacionales y trasnacionales que son el verdadero poder. Igual de claro es que el legislativo es un poder imposible porque su fragmentación impide su realización y porque finalmente sus integrantes obedecen a poderes superiores, es decir a los verdaderos poderes que hoy gobiernan al planeta. El poder judicial solo lo es de minucia ya que no se le deja mayor participación que la de árbitro de causas menores. El llamado cuarto poder (los medios masivos de comunicación) está subsumido o es propiedad de los verdaderos poderes empresariales. En tal circunstancia aspirar al poder es solamente aspirar a subordinarse a alguno de los poderes reales en calidad de empleado bien pagado. Eso todos lo sabemos y deberíamos aprovecharlo para impulsar a la Sociedad Civil fuera de su marasmo en vez de consentir poderes que bien pudieran echar mano de cualquier empleado.

La inercia de la grilla es muy grande y está muy motivada con mando y recompensas económicas, por lo que sacar a la Sociedad Civil de esa postración se antoja imposible, de hecho no parece ser una tarea recomendable mientras no se pueda crear algo atractivo que compense o sustituya tales recompensas. El recurso de hacer consciencia entre la sociedad civil ya probó su fracaso en los setentas cuando el marxismo intentó algo similar. Pareciera que el camino es el que indican los zapatistas: crear nuevos mundos o posibilitar su existencia.

Mes patrio del 04

LA SOCIEDAD CIVIL

1. Manifiesto Ciudadano

I. MOVIMIENTO CIUDADANO

Vivimos tiempos difíciles, tiempos en que el capital transnacional domina al planeta a la vez que provoca una terrible dispersión de la gente. Todo lo mueve el interés por el dinero, por el poder o por la celebridad que da poder y dinero. No se mira en el horizonte ninguna fuerza política capaz de oponer una fuerza organizada significativa a la orgía de poder del capital transnacional. Por todas partes la población es cada vez mas pobre, las aguas, la tierra y el aire se contaminan ante la impotencia de infinidad de organizaciones ciudadanas y ecologistas. Las colectividades se destruyen o aíslan, las familias se resquebrajan, los individuos se desgarran. Las naciones son meros cotos de poder de oligarquías locales al servicio del capital transnacional.

El modelo de vida que produjo la sociedad de consumo está encontrando los límites de su expansión. Los poderosos empiezan a dar gritos de alarma ante un sistema que ellos mismos fomentaron y que ya no pueden controlar. Toda propuesta de organización por muy revolucionaria que resulte es rápidamente absorbida por el sistema. El rock, los hipies, los narcos, los indios y hasta los movimientos gay y los de mujeres han sido asimilados, subordinados, anulados o vuelto inofensivos. El sistema no ha dejado otra salida que la explosión social (que ante la desesperación de los guerrilleros y las oposiciones, no acaba de detonar). Es por ello que se han puesto de moda el rescate de los pobres, la redistribución de la riqueza y el altruismo selectivo. Los poderosos (y sus conciencias opositoras) pretenden que con esas medidas conjurarán a los demonios que han desatado y que nunca terminan de entender.

La realidad que vivimos no es nada halagüeña: nos regodeamos en la impotencia, nos incorporamos al sistema (como parte del aparato -o su oposición- o sumidos en la contemplación) o nos escindimos mediante la vagancia, la locura o el abandono.

Todo, absolutamente todo lo que se nos pueda ocurrir, sucederá en el marco de un sistema que ya ha aprendido a controlar a su disidencia y a subordinar y anular a los otros, a los ajenos al sistema mismo (como los indios y los locos). En ese marco es necesario abrir regiones de autonomía, perforaciones en el caparazón del aparato, alentar líneas de fuga, demencias y otredades capaces de sustentarse ellas mismas. Como diría Marx, es necesario crear condiciones materiales de existencia para que surja LO OTRO, lo que naciendo del sistema no es del sistema, no pertenece al sistema.

Experiencias como las del EZLN nos marcan el camino a seguir, nos indican que el camino no es sólo crear otros mundos, sino también las condiciones materiales que los sostengan. De no hacer eso, el sistema acaba por subordinar a cualquier manifestación, aislarla o hacerla inocua.

En la periferia del sistema se crean los campos para una nueva sociedad, pero no es sino en el corazón del sistema mismo en donde podrá pararse esa locura que es el neoliberalismo. Es en las grandes ciudades en donde deberán surgir las nuevas "zonas liberadas", las regiones autónomas que abonarán los campos cultivados en la periferia.

Las regiones autónomas deberán de surgir sin más plan que devolver la palabra a la gente mediante la creación de los medios materiales de subsistencia que la misma gente desarrolle y explote. Ni Mesías ni dirigentes, solamente deberá haber coordinadores de acciones concretas en el surgimiento de esas autonomías.

En esas regiones autónomas deberá forjarse un nuevo espíritu para que sea posible forjar un nuevo hombre y con ello una nueva sociedad. Esto es particularmente importante hoy que las neurociencias apuntan la posibilidad de manipular la mente. La razón, la lógica misma, el pensamiento deberán ceder espacios a manifestaciones del espíritu que apunten en direcciones diversas (como la intuición entre otras), solamente así se podrá burlar al sistema.

Las regiones autónomas podrán federarse o coordinarse pero nunca seguir mando único alguno. Habrá quienes digan: "éste no quiere otro Mesías que él mismo", pero ¿se puede ser Mesías de babel? ¿Se puede ser líder de quienes ni hablan ni piensan ni sienten como el líder? Quien diga que sí que lo intente.

Para lograr lo anterior es necesario retomar la euforia mercantil-productivista para generar un movimiento ciudadano que aliente o impulse nuevas o renovadas regiones y formas de autonomía, que sostenga e impulse regiones autónomas incipientes o logradas. Hay que inventar y reinventar formas de expresión, modos de sacar dinero y recursos para la causa, nuevas formas de amar, de acercarse a Dios y a los hombres, de ser un nuevo ser humano.

El movimiento ciudadano no deberá ser una organización, sino solamente una intención que apunta a un fin. Deberá ser como una ola que arrastra y que lleva a la autonomía, a lo que cada comunidad, colectivo o persona quiera llegar. El movimiento ciudadano es solamente una coordinación de actividades, apoyos y esfuerzos; no tiene líder, solamente cuenta con el motor común de generar, sostener o promover autonomías.

El movimiento ciudadano es un referente político y social que da identidad al que se incorpora a él, tiene un destino y tareas claras. Se sabe a donde se va y se sabe qué se quiere. El legislador sabe que debe impulsar leyes que dejen resquicios a la autonomía o de plano la favorezcan, el funcionario sabe que los recursos y acciones que puede aportar servirán para crear empleos integradores (distinto del empleo capitalista que desintegra colectivos), alentar talentos artísticos, crear nuevas formas de expresión y de vida.

El movimiento ciudadano nace en donde hay gente que coincide en impulsar algo ajeno al sistema, algo ajeno a liderazgos mesiánicos y ajeno a todo aquello que signifique subordinación al capital (en el empleo directo, en el arte, en la acción política y en cualquier campo).

El movimiento ciudadano nace cuando decidimos romper la indiferencia, la apatía en que nos ha sumido el capital, nace cuando el consumo empieza a dejar de ser importante en nuestra vida, nace cuando decidimos que la TV no siempre dice la verdad, nace cuando dejamos de pensar y actuar como los artistas y políticos de moda, nace cuando encontramos a otro como nosotros y juntos decidimos hacer "algo".

La tarea a realizar no es vencer al capital ni al déspota en turno (si así lo aceptamos ya estamos en su órbita), de ninguna manera debemos dejar que ellos sean la referencia de nuestro hacer. En su momento ellos mismos en su desesperación o torpeza habrán de echarse a la gente encima. La tarea pendiente es la de recuperar espacios fraternos ofreciendo alternativas de vida, tanto material como espiritual. Se debe demostrar que la fraternidad también es negocio.

Nada que nos sirva hay que eludirlo, con tal que a cada momento revisemos si realmente lo que hacemos apunta hacia la creación de una verdadera región autónoma. Luchas como las de los gay y las mujeres nos demuestran que aunque no se logre todo lo que se quiere, se puede avanzar mucho. No satanicemos al sistema al grado que no podamos utilizar lo que de él nos resulte útil.

Lo importante es crear movimiento, generar movimiento. Que todo mundo sepa que no necesita esperar al próximo gobernante o al próximo partido. Que todo mundo sepa que ahí, en su colonia, en su región hay una actividad o un proyecto con posibilidades de éxito al 100%. La clave es pues, intentar solamente proyectos factibles, realizables en el corto plazo. Los proyectos deben ser claros, con metas alcanzables, medibles y con beneficios plausibles.

Las tareas que impliquen proyectos y actividades deberán ser simples y fáciles de hacer en los tiempos que las personas quieran dedicar. De preferencia deberán ser actividades divertidas para suplir con ellas el necesario esparcimiento que demanda la vida actual.

II. EL NUEVO MUNDO

El movimiento ciudadano no creará nuevos mundos, estos ya existen, siempre han existido y seguirán existiendo. En pueblos alejados de los grandes centros urbanos, en barrios olvidados de las grandes ciudades florecen relaciones de solidaridad, permanecen conductas arcaicas ajenas al sistema o de plano como en el caso de campesinos e indígenas florecen culturas y subculturas diferentes. Basta voltear el rostro a cualquier comunidad, cualquier familia más o menos integrada o cualquier grupo de amigos para descubrir semillas que apuntan a la emergencia de nuevas costumbres, nuevas conductas, nuevas formas de ver la vida o sea: semillas de nuevos mundos.

Los nuevos mundos son la consecuencia natural de la vida, de su desglose. A diario nacen y a diario mueren semillas de nuevos mundos, versiones nuevas o renovadas de mundos ya existentes, mundos acabados o mundos imperfectos. Esos mundos igual perecen que pasan a engrosar la vida de las sombras. Por fortuna la gran mayoría permanece: a veces conviviendo con el sistema, a veces sumidos en las sombras, a veces olvidados.

El sistema solamente rige en donde predomina el individuo típicamente burgués, el cual además de colonizado (en sus gustos, su forma de vestir, de hablar, de trabajar, etc.) es ya un individuo plenamente escindido de toda comunidad. Tal individuo solamente acepta la comunidad formal de su centro de trabajo y lo hace únicamente en función de su empleo. Incluso ahí no hace comunidad, se limita a realizar sus tareas en base a sus atribuciones permaneciendo encerrado en su propia coraza narcisista.

Es cierto que el individualismo también produce nuevos mundos, pero éstos son totalmente dirigidos por el sistema. Esos mundos, similares al del loco, son también una forma de resistencia, pero quizá no sea la mejor: entregamos el cuerpo para uso y disfrute del capital y nos refugiamos en nuestra propia otredad en una orgía de computadoras, misticismo y acondicionamiento físico. En rigor, el individualismo es el estado ideal del hombre del sistema: un ser socialmente escindido, utilizable y reutilizable (capacitable) en donde el capital lo requiera.

Así como el capital produjo estructuralmente la liberación de la mujer para integrarla a sus requerimientos de personal, igual produjo al individuo, no para liberarlo de las tiranías de las culturas, no para abrir los potenciales del ser humano sino para disponer de forma incondicional de esos individuos.

El reto del movimiento ciudadano en torno al individuo, es conservar la libertad personal sin mayores pérdidas de corresponsabilidad comunitaria, sin que se afecte significativamente la cohesión colectiva. El nuevo ser humano que surja del movimiento ciudadano deberá estar al margen de las tiranías de las costumbres y de la cultura, deberá crear espacios para que sea posible la diversidad individual.

La cultura que el capital creó (y que los déspotas detentadores del poder alimentan), basada en la apatía y el consumo (con la perenne angustia como su corolario), mantiene a raya a los nuevos mundos que surgen o se mantienen vigentes utilizando los mecanismos que todos conocemos:

1. Estructuración y manipulación a nivel biológico-neuronal del cableado neural que posibilita la subsistencia físico-social del individuo, mediante el manejo de los medios masivos de comunicación orientados al consumo y a la participación social dirigida.
2. Mantenimiento de un aparato educativo cuyo contenido y orientación es ajeno a los educandos.
3. Control de las fuentes de subsistencia, primarias y secundarias (recursos naturales y empleo).
4. Mantenimiento de múltiples aparatos represores públicos y encubiertos (policía, ejército, grupos paramilitares, etc.).

El papel actual de los medios masivos de comunicación resulta fatal para la convivencia humana (no sólo por la violencia que concitan: por ejemplo en el fut bol). Difícilmente puede mantenerse una mentalidad sana ante el empuje consumista. Los medios masivos de comunicación crean un mundo contrario a las condiciones de vida reales y posibles para la mayoría de la población; a su vez, su omnipresencia y saturación de la percepción humana los hace que se retraten en el cerebro humano, creando circuitos neuronales virtualmente irreversibles. Sin embargo, pese a esa acción, surgen continuamente líneas de fuga que apuntan a nuevos mundos, que muchas veces no resisten el embate de tal saturación y perecen o se mantienen con taras (como la actual convivencia de cantina, que muchas veces degenera en pleitos).

La pobreza, las crisis recurrentes del capital, la ansiedad propia de la cultura vigente, la falta de empleo y el abandono estructural que sufre cada individuo, paradójicamente generan por ellos mismos nuevos mundos en donde llega a florecer la solidaridad, la camaradería, la corresponsabilidad y otros atributos ajenos al sistema.

Por su parte, la educación actual jamás estuvo más reñida con lo humano. Nos educan, pero para el mercado, nos capacitan para un empleo o nos adoctrinan para hacer coro al sistema. La educación así planteada, crea al igual que los medios masivos de comunicación, circuitos neuronales vitales para el individuo. Sí, pero esas redes neuronales crean un conflicto con el individuo: Por un lado no sabemos actuar sino de acuerdo a lo que se nos imbuyó (o de plano implantó), y por otro, esa actuación es contraria a la realidad que vivimos.

Todo tirano sabe que controlando los medios de vida tiene el control de la gente. En la actualidad el principal medio de vida es el empleo. Mediante su control, se nos inducen conductas (de la más corrupta hasta la más servil), se nos organiza el tiempo libre, se nos consume (al menos) la mitad de nuestra existencia, se nos controla el consumo (mediante el monto del salario), se nos valoriza o devalúa (mediante estímulos o regaños). El empleo es la vida, nos aferramos a el, sufrimos cuando no lo tenemos, brincamos de alegría cuando conseguimos uno. Por conseguir o conservar un empleo mucha gente es capaz de cualquier vileza: bloquear el ascenso de otro, calumniar a un compañero, tornarse servil ante el jefe, etc. etc.

Son los Media, la educación y el empleo la clave de la dominación moderna y, si estos fallan, para eso están los aparatos represores. Pero no nos confundamos, el capital solamente es una forma estructural de organización, los que lo sostienen tienen nombres y apellidos y son los nuevos tiranos a quienes conviene que las cosas no cambien pese a que se hundan ellos y sus descendientes.

En ese marco el movimiento ciudadano deberá procurar el florecimiento de opiniones, de conductas diferentes, de nuevas formas de vida mediante la creación de empleos integradores, radios comunitarias (cuyo esfuerzo es ya añejo), centros de comercialización, organizaciones vecinales y todo aquello que sirva para impulsar a "lo otro".

Nos deberemos también de cuidar del pecado de ingenuidad. No podemos pensar que podemos armar un mejor discurso que el del sistema, no podemos creer que podemos armar un mejor ejército que el del capital ni mucho menos que podemos competir con los Media. Todo lo que podamos sugerir por muy revolucionario que nos llegase a parecer, ya está dicho y asimilado por el sistema. Lo que nos resta hacer es abrirle espacios a la diversidad, que la misma gente decida que hacer una vez que ya no dependa del empleo, ni de la educación ni de los Media capitalistas. Lo que resta hacer al movimiento ciudadano es crear una red que elimine o limite esa dependencia. O sea: crear las condiciones materiales de existencia para que surja la diversidad como parte de un movimiento más que de una voluntad.

El movimiento ciudadano deberá posibilitar que esas expresiones humanas cálidas, surgidas de entre la gente (y no de los intereses del capital) tengan posibilidad de continuar, de reproducirse y de Marcar su propio rumbo. Se trata de que las fiestas de barrio no tengan que extinguirse porque haya un empleo que cuidar (que todo mundo deje de "no tener tiempo"), se trata de rehacer la interdependencia colectiva contraria al empleo desintegrador.

Movimientos como los del EZLN han surgido de mundos ajenos al capital. Pueblos como los de Xochimilco sostienen fiestas y costumbres que ahora están acosadas por los Media y la escuela. Zapatistas y xochimilcas se defienden, unos con las armas en la mano, otros vendiendo barbacoa y quezadillas por su cuenta. Ambos hasta ahora han tenido éxito. Como esos ejemplos hay muchos, pero la mayoría permanecen aislados, incomunicados, sin demasiada idea o intención de coordinación.

El movimiento ciudadano posiblemente tenga éxitos menores, pero si es capaz de crear una gran ola, pronto surgirán muchas regiones autónomas que poco a poco irán federándose hasta formar verdaderas áreas de libertad en mundos quizá impensados.

III. CALIDEZ DE NUESTRA CULTURA COMO MARCO POLÍTICO-CULTURAL

Investigar acerca de la integración comunitaria en México, es atender la historia del país. La tendencia a integrarnos colectivamente se remonta hasta mucho antes de la mal llamada conquista (que fue en realidad cuando culminó la rebelión de los oprimidos de ese entonces). Tras el encumbramiento de los españoles, las comunidades no se desintegraron, sino que conservaron sus propias formas de gobierno y gran parte de su cultura (que solamente las pestes y la acción evangelizadora lograron mermar). Tal situación permitió que sobrevivieran muchas de las costumbres indianas e incluso, muchas de ellas mutaron en costumbres cristianas. La vida comunitaria indígena se caracterizaba por su accionar de conjunto. Incluso, los individuos encontraban su razón de ser y su ser individual solamente en la comunidad.

Atendiendo a sus raíces, el mexicano es un individuo gregario, está acostumbrado a operar en grupo, a definirse en colectivos. En primer término está su grupo familiar, del cual distingue la familia nuclear y la familia extensa. En segundo lugar está el grupo de los amigos y allegados (personas de confianza). En cuarto lugar está el grupo de vecinos y compañeros de actividad y/o de trabajo. En quinto y sexto lugares están la región y el país como colectivos que lo definen.

Obviamente hay muchas otras entidades, momentos y coyunturas de definición y acción colectiva que nos enmarcan como individuos, tales como el equipo de fut bol, el estado de origen, la empresa en que se trabaja, etc. En todas ellas buscamos el arropamiento del colectivo, situación que dio base social a la corrupción y permitió el despotismo de un partido como el PRI (que tenía como principio de acción la cercanía de sus militantes con la gente, al margen de la nula defensa que de ella hiciese), que aún no acaba de ser expulsado del poder a más de 70 años de su fundación.

La costumbre de organización espontánea mediante comités, bien arraigada en la gente, refleja la organización de su vida cotidiana y su concepción del mundo. Es decir, la búsqueda de organización en comités, responde a esa forma cálida de agrupamiento que arranca desde tiempos precolombinos, y es totalmente opuesta al individualismo moderno (conformista, consumista y frustrado) que requiere el capitalismo.

Así pues, el punto de partida de la organización de la gente de nuestro pueblo, es el carácter gregario de la misma o lo que quede de ella (aunque no podemos ignorar el avance del individualismo importado principalmente de E. U.). Cualquier acción que se emprenda tendiente a organizar, debe dotar en primer lugar de una identidad gregaria.

Desde luego, de nada sirve la integración comunitaria sin autonomía. Esta, debe lograrse de un jalón, gradualmente o como sea. Deben utilizarse todos los medios, desde la participación en el congreso, hasta la movilización callejera y principalmente mediante la construcción-reconstrucción política, económica y cultural de las comunidades.

Hay que recordar que pudo conservarse gran parte de nuestra cultura gracias a que por mucho tiempo permanecieron aisladas multitud de comunidades que por ese medio conservaron gran parte de su propia cosmogonía. Tales comunidades vivieron en una virtual autonomía que todavía les duró hasta muy entrada la era de la televisión.

Al trabajar en la organización de la gente se debe entender que se trata de partir de la acción misma, se trata de crear efectos de autonomía mediante acciones concretas, que tal es el objeto de la estructura colectiva que se construya. Así como el gobierno y las clases en el poder utilizan sus estructuras para crear efectos de poder, las estructuras que la sociedad civil cree deberán crear efectos de autonomía.

Es difícil pensar que la motivación de la gente se de fuera de los intentos ya gastados como el foquismo o la movilización callejera. Sin embargo deberán recurrirse a todas las formas posibles de acción buscando crear efectos colectivizantes, ya sea utilizando viejos métodos o inventando nuevos.

El sistema alimenta la imaginación de la gente mediante múltiples vías como son la TV, las drogas y el cine entre muchos otros. Esos medios crean los efectos de poder que sirven a los dominadores.

El movimiento ciudadano deberá ser capaz de alimentar la imaginación de la gente de tal manera que se produzcan efectos de poder contrarios a los dominadores. Se trata pues de producir efectos que no sirvan a los poderosos. De suyo se sabe que van a producirse muchos efectos no deseados, particularmente en fase de arranque, pero eso no importa ya que al igual que el poder actual, los primeros efectos creados; deben constituir una envolvente para nuevos efectos que refuercen el de autonomía. Indudablemente saldrán efectos de odio, de exhibicionismo, de activismo, de politicismo, etc. etc., pero mientras de sostenga una mínima actividad colectiva o colectivizante (lo que sucederá al principio con las unidades económicas implantadas), éstos no representarán mayor riesgo que el que le pueda imprimir una mala fe.

No se trata pues, de crear revoluciones (esos grandes movimientos que utilizan las pandillas para disputarse el poder) ni movimientos catárticos para desfogar nuestros furores (así sean estos los que generan nuestra incomodidad ante la depredación del planeta), se trata de hacer lo mismo que hacen las clases dominantes (que probadamente funciona), pero con diferente sentido, creando nuevos efectos.

IV. ESTRATEGIA: RECUPERAR LA VIDA COLECTIVA

Hoy día el poder ha creado una malla cada vez más densa de la cual difícilmente podemos escapar. El poder es de nuevo absoluto, nada se le opone ni tan siquiera con mediana eficacia. Poco a poco coptó todo: Organizaciones, partidos y conciencias. Los pocos que quedaron fuera están sumidos en una desesperante impotencia o en el errabundeo de verdades tan ciertas como inocuas. Los opositores tornaron oportunistas en busca de un puesto oficial desde el cual construir su oficial y leal carrera opositora. Como en los tiempos romanos las masas se movilizan manipuladas por el hambre y la necesidad.

El poder omnímodo, asentado en el capital trasnacional, hoy se da el lujo de experimentar cualquier cosa. Impone horarios, desaparece sindicatos o condena a morir, por causas imputables al hambre, a millones de seres en medio de los desajustes que provoca la globalización. La prioridad del banco mundial y de los gobiernos títeres es el sistema bancario aunque la población se muera de hambre: Inyectar miles de millones de dólares a la banca es lo correcto, arrojar a la hambruna a las masas es un mero incidente previsto en el camino a la mundialización del poder.

La táctica del poder ha sido elemental: por medio de la tecnología se nos ha aislado en nuestro "YO" creando una enorme BABEL en donde nadie nos entendemos, solo el poder es claro, diáfano. Toda preocupación se reduce al lugar en que mi "YO" quedará en la cadena del poder.

El "yoismo" a avanzado como la peste, nadie reparamos en la sarta de incoherencias que decimos amparados en nuestro derecho a hablar. Hundimos al hermano, al amigo y aún ponemos en entredicho a los seres más queridos: lo que importa es el "yo". Ese resbaladizo concepto construido y sostenido por los comerciales. El capital para poder vender tiene que descomponer a la sociedad en individuos, porque en el momento en que los individuos se juntan logran acciones inverosímiles, que por su propia estructura (al margen de sus intenciones) llegan a cuestionar lo establecido.

Toda acción colectiva es combatida con ferocidad (en México: ruta 100, en España los vascos ... en el planeta al otro, al que se opone al poder) hasta reducirla a balbuceos. Contra la acción colectiva no se escatiman riesgos ni recursos. Nada debe escapar a los lineamientos del poder (ese huidizo concepto que lo mismo regula la escuela, el FMI, el trabajo y todo, todo sin que nadie le podamos oponer virtualmente nada). Toda relación espontánea nacida de una relación familiar, de un noviazgo, de una amistad o un empleo, se convierte finalmente en regla administrada por el estado o por el aparato publicitario manipulado por los medios masivos de comunicación. Copar cualquier espacio masivo es la divisa del poder: si es el consumo: copar la publicidad, si es el entretenimientos reglamentar su producción, si es educación: reglamentar la escuela, definir los programas y otorgar el derecho de aprobar o reprobar gente. Las comunidades que espontáneamente surgen, poco tiempo duran con vida colectiva. El empleo es utilizado como punta de lanza para destruirlas. El individuo se debe consagrar a su empleo en cuerpo y alma: usa mañana y tarde en transportarse, otro tiempo en trabajar y el resto en prepararse para el trabajo, ya sea capacitándose o descansando para reponer fuerza. Si no fracciona así su tiempo, entonces el trabajador es arrojado a las masas desempleadas, a los empleos infames o de plano a la autodestrucción de las drogas y el alcohol.

Pese a la gran embestida que da la sociedad civil por medio del comercio ambulante y en general del sector informal de la economía, el poder ha copado los espacios de vida. Hoy la guerra entre el poder y la gente se libra en el sector informal. Los repudiados del sistema se hacen ambulantes, los que resisten se hacen peseros o se integran a la microempresa. Sin embargo, ambulantes y microempresarios aún son controlados por las grandes empresas. En efecto, los vendedores ambulantes venden principalmente las chácharas que producen los grandes consorcios trasnacionales: chucherías de plástico, juguetes, pilas y fayuca en general. De igual forma la microempresa es incapaz de ligarse formando grandes cadenas productivas ciudadanas, por el contrario, producen a partir de consumir los productos de las grandes empresas, atendiendo complementariamente las migajas del mercado que les dejan las trasnacionales. Es necesario recuperar los espacios de vida de la gente, crear una economía civil en donde se socialicen las ganancias y se privaticen los riesgos.

Esa guerra que sostienen los vendedores ambulantes y las microempresas debe reorientarse. En primer lugar deben ser conscientes de que su lucha, en tanto que lucha por la subsistencia, está ligada con otras luchas y con lo que debiera ser una estrategia de recuperación de espacios de vida. El capital tiene claros los objetivos de su lucha; a saber: someter a microempresarios y comerciantes ambulantes y a todo el sector informal para cobrarles impuestos y someterlos a las normas que el propio capital impone mediante leyes que expiden sus legisladores (recordemos el caso FOBAPROA). La lucha del sector informal debe orientarse a ligarse orgánicamente: vendedores y microempresarios deben aprender a ligarse entre ellos y entre las fuerzas que aún se oponen al capital.

La lucha del vendedor ambulante debe entenderse como una lucha por la apertura de un espacio de vida no por una fracción de territorio. Debe orientarse a crear capitales rebeldes que asociados compitan con las trasnacionales. El capital rebelde debe crearse sus espacios sociales en comunidades mediante la revitalización de la vida colectiva. La vida colectiva debe impulsarse desde la organización hasta la comunidad. Que no haya nunca más trabajo aislado, que cada organización, cada individuo coordine trabajos y esfuerzos con otros y otras organizaciones. Nunca más debemos dejar que el capital organice a nuestra vida, nuestra familia, nuestros amigos ni nuestra comunidad.

La vida colectiva y organizada deberá impulsar a legisladores que luchen en el congreso por que se aprueben leyes que permitan la subsistencia de la microempresa y la economía civil. Hoy el sector informal vive asediado por impuestos y reglamentos, requisitos burocráticos e inspectores, leyes que lo ahogan y lo proscriben. El legislador que impulsemos deberá comprometerse a ayudar a liquidar el cerco que se tiende sobre el sector informal. Su tarea será la de proponer leyes inteligentes que permitan la apertura de espacios de libertad y de vida, de leyes que fomenten la vida colectiva que contrapese el "yoismo" impuesto por el consumismo.

Por su parte, la acción colectiva deberá producir alternativas de vida y convivencia, sustituir al seguro social, a la escuela oficial, luchar por programas educativos conformados en las comunidades y que respondan a sus necesidades, crear sus propias fuentes de empleo, sus modas, sus costumbres y en general toda su cultura como una forma de combatir a los aparatos publicitario/manipuladores.

En tanto seamos incapaces de crear formas de vida alternativas a las que nos ofrece el poder, seguiremos siendo apóstoles de causas perdidas. Pero eso no lo vamos a lograr de un golpe, mediante formulas maravillosas o teorías revolucionarias. Únicamente lo podremos lograr en la medida en que avancemos en la recuperación de espacios de vida en donde la experiencia misma nos indique el camino. La discusión colectiva y sobre todo la experiencia colectiva serán las que nos indiquen el camino a seguir. A nosotros nos toca abrir los espacios en los que recuperemos nuestra propia voz, en donde podamos ejercer nuestra propia iniciativa y nuestros propios proyectos y ya no los del capital. Hoy el panorama es claro, es necesario rehacer la vida orgánica de la comunidad tal y como nos lo demuestra la lucha zapatista. Esa vida comunitaria solamente será posible sí recuperamos las riendas de nuestro destino. ¿Por qué solamente el gobierno, la iniciativa privada y el capital trasnacional deben ser quienes generen los empleos que necesita la gente? ¿El resto de la sociedad nada tenemos que decir al respecto? La creación de empresas, de empleos y por tanto, de productos, por ella sola no es una actividad odiosa o enajenante, hay que recordar que hoy por hoy la empresa es la forma más eficiente de organizar la actividad social. No obstante, debemos entender que una empresa comprometida con su sociedad, una EMPRESA CORRESPONSABLE, debe en primer término socializar su ganancia, sin contaminar, sin pervertir la vida ni el trabajo.

Recuperando los medios de subsistencia será como podremos darle una base material a la reactivación de la vida colectiva. Un ejemplo: los bicitaxistas de San Gregorio Atlapulco (Xoch., D. F.) al trabajar en su comunidad no pierden horas preciosas de su vida en trasladarse a lo largo de la ciudad para acudir a su fuente de empleo, ese tiempo, lo tienen para convivir con su familia, amigos o vecinos, para mejorar su vivienda o sus cosas, para descansar o incluso para trabajar más.

La recuperación de los medios de subsistencia está corriendo a cargo del llamado sector informal. Tal sector, en México y Latinoamérica aporta el 40% de los empleos totales. Es decir, aporta más empleos que las trasnacionales, según datos del gobierno mexicano y de la Organización Internacional del trabajo. Es un hecho que el crecimiento del sector informal se debe a la incapacidad del capital para crear los empleos que año con año se requieren, pero también es un hecho que, si esos expulsados del sistema que conforman el sector informal, se organizasen, pondrían de rodillas al poder. Para demostrar lo anterior basta recordar algunas crisis: Los ya famosos efectos "Tequila", "Samba", "Tango" y "Dragón" los cuales provocaron crisis en cadena en las principales bolsas de valores del mundo, se debieron al movimiento incontrolado de miles de pequeños capitales que quizá muy a su pesar resultaron "rebeldes" al poner a temblar a los grandes capitales mundiales.

Los individuos aislados nos perdemos fácilmente, nuestros pequeños egoísmos y ambiciones nos consumen. De ese modo somos presa fácil del capital y del poder local, nacional y trasnacional. Juntos, como sociedad civil organizada es como podemos crecer: juntos por la ecología, juntos por el empleo, juntos por la seguridad, por la vivienda y por un mejor nivel de vida.

Cuando creíamos que la ciencia nos había liberado de los terrores de la oscuridad y de la ignorancia, más del 80% de la población nacional y mundial nos hemos visto expulsados de los "beneficios" del sistema capitalista vigente o estamos a punto de serlo. Tal situación exige que nos organicemos para luchar contra los nuevos terrores. Tenemos miedo a que nos corran del trabajo porque sabemos que escasea el empleo, tenemos miedo que nos agarre la policía porque corremos el riesgo de pudrirnos en una cárcel sin que se nos haga justicia, tenemos miedo de salir a la calle porque podemos hasta perder la vida en un asalto, tememos que nuestras hijas sean violadas, nuestras casas robadas y en fin, aquel paraíso que prometía el capital acabó en una realidad de terror. Solamente los poderosos pueden pagarse guardias privadas, residencias ultra vigiladas, a ellos nadie los corre de su trabajo ni corren el riesgo de que sus hijos se queden sin escuelas ni mucho menos sin comida.

Esta época de miedo acabará cuando la sociedad civil pueda organizarse por ella sola, sin tener que delegar su poder en nadie. Todos somos parte de esa sociedad civil y de todos depende que acabe esta época de terror.

En primer lugar debemos reconocernos dispuestos a organizarnos, dispuestos a colaborar, a tenernos confianza, sabedores de que si actuamos aislados seremos fácilmente anulados.

El segundo paso es abrir espacios de participación y acción ciudadana independiente: en la cultura, creando empresas y empleos, creando nuevas organizaciones, interrelacionando a las organizaciones y actividades ya existentes, etc. Es decir espacios y acciones que estructural y espontáneamente generen cohesión (tal como la empresa capitalista).

En tercer término debemos evitar caer en un activismo disperso. Todo lo que hagamos debe orientarse a reactivar la vida colectiva en las comunidades, las escuelas, los centros de trabajos etc.

En cuarto lugar, debemos incluirnos en las luchas de las mujeres, de los ancianos, de los niños de toda lucha que se de contra el poder (incluidos homosexuales, indígenas, minusválidos, etc.)

En quinto lugar es necesario participar en el juego democrático impuesto por el poder para:

1) captar recursos y posibilidades para abrir espacios de vida colectivos
2) Impulsar legisladores que se comprometan a pugnar por leyes que impulsen la creación de empresas ciudadanas (que no estén sometidas a las cargas fiscales y reglamentarias que imposibilitan su existencia), que instituyan derechos elementales como la educación universal gratuita, el derecho a la vida digna y que impulsen la participación colectiva en el poder, entre otras.
3) impulsar gobernantes que se comprometan con tareas como las señaladas apoyando a la sociedad civil.

Todas esas tareas deberán llevar a la conformación de una economía civil que sea la principal rectora de la economía general. Esa economía civil deberá ser la base material de la organización civil autónoma. Las tareas propuestas no son fáciles, pero corresponden a una lucha que ya se inició pese a que actualmente discurre de modo más o menos disperso.

La propaganda oficial deja entrever que no hay caminos de lucha, la intelectualidad de algunos y muchos modos ha dejado de alimentar a la gente con propuestas de nuevas formas de lucha y se pierde en los efectos que el propio capital provoca. Sin embargo en la realidad solamente aparece un hecho: de nosotros depende decidir si se puede o no se puede.

Quizá haya que empezar por la tarea más elemental consistente en propagandizar ideas e intenciones, con el deseo de irnos entendiendo fuera del entendimiento que nos impone el sistema, el cual, quiere hacernos creer que su lógica es la única posible, como si antes de la ciencia y el capital el mundo no hubiese existido.

V. POR UNA ECONOMÍA CIVIL

Cualquier cosa que se haga para cambiar a la sociedad, tiene que seguir los pasos mediante los cuales la sociedad cambia, sí no, todo lo que se emprenda SEA LO QUE SEA, solamente tenderá a producir situaciones particulares de corto alcance o beneficios dirigidos a un individuo o clase.

En primer lugar hay que reconocer que los cambios sociales se dan en oscuridades inaprensibles, se fraguan en el anonimato de la acción del ciudadano común y corriente (en nimiedades intrascendentes -parafraseando a Foucault). En ese entramado de oscuridades inaprensibles y nimiedades intrascendentes, se crean los grandes canales, pequeños y de todo tamaño que sirven como guías y soporte de acciones y creencias de la sociedad. De hecho, las canalizaciones que se montan sobre y entre el entramado social, también producen nimiedades y oscuridades, que se suman a las que produce la sociedad, en un juego de toma y daca que produce mutuas influencias y transformaciones.

Así pues, para impulsar el cambio social, es necesario crear canalizaciones por donde fluyan esos devenires (nimiedades y oscuridades, etc.); canalizaciones que generen cotidianidad, que alimenten la autonomía, que sean alternativas de vida de hecho, no de dicho. Se trata que sean formas materiales de reproducción de la existencia, que por su propia estructura desarrollen una dinámica propia sin tener que competir con nada que no sea por su propia eficiencia para autoreproducirse. No se trata de que esas formas de reproducción se alimenten de ideas, sino que se trata de que generen hechos autónomos, y en su momento, esos hechos pondrán las ideas.

Cualquier planteamiento que desde su arranque no contemple la autonomía como meta, a lo más se moverá dentro de una lógica conspirativa que mucho entretiene pero que poco aporta al remedio de esas molestas cosas como es la destrucción del planeta y de la especie misma.

La construcción de una economía civil implica:

1. Abrir canales que incorporan a individuos a una gran tarea de autonomía, sin caer en el vicio del voluntarismo.
2. Crear posibilidades de vida autónoma en agregados sociales que eventualmente puedan tornar comunidades por la acción aglutinante de empresas y acciones colectivizantes.
3. Crear posibilidades de redefinición de necesidades en base a la autonomía lograda.
4. Redefinir modalidades de vida que representen bloques de enfrentamiento contra los modelos implantados por la clase dominante.
5. Abrir posibilidades de creación de cultura autónoma que escape a la cultura dominante fundada en la rapiña.
6. Crear la posibilidad de una economía de base social, alterna a la de mercado. Es decir, pegarle al sistema en donde más le duele.
7. Ingresar a la cotidianidad de la gente por vía de sus necesidades más sentidas: el empleo y eventualmente la realización como humanos.
8. Sembrar la posibilidad material de la realización de las utopías de las propias comunidades.

Se trata de crear canales que a la vez sean empresa y seducción, lastre y refugio. Grandes contenedores en donde quepan minucias, vacuidades y cotidianidades. La creación de empresas no es el único camino, pero si el más seguro (el propio capitalismo se ha encargado de probar su eficiencia). En general, todo acto o idea que genere autonomía y la sustente, es bienvenido. Cabe recordar que autonomía sin recursos, es contradicción en ella misma.

Esas semillas de autonomía pueden sembrarse por un pequeño grupo, o de preferencia por miles de pequeños grupos. Lograda la primera unidad autosustentable, de ahí saldrá la siguiente y la otra y la otra y las subsecuentes, hasta formar una gran confederación de comunidades autónomas que emergerán en una nueva sociedad desde abajo.

Cada empresa sembrada en una comunidad; será tan solo un inicio que aglutine devenires. Cada comunidad integrada, será quien defina por donde seguir. La empresa, en cualquier caso, solamente tendrá la función de devolver la voz a la gente, darle un respaldo para que hable y actúe si así lo quiere. Cada empresa es solo un inicio de algo que no se sabe por donde irá, pero que tiene la posibilidad económica de al menos ir por donde resulte.

Construido el primer gran canal, la sociedad, entonces sí, se encargará de construir los otros en base al suave soplo de las intrascendencias.

Todo lo anterior se puede resumir en:

I LA ECONOMÍA CIVIL

1. La economía civil y todo el gran movimiento civil a desarrollar, debe apuntar a la redefinición de la vida misma de la sociedad y de la nación
2. La economía civil deberá regirse por el acuerdo de las comunidades que participen en ella (mediante agrupaciones, federaciones, confederaciones, etc.)
3. La economía civil se funda en empresas que trabajan para la sociedad (y no para el lucro), en empresas en donde se socializan las ganancias y se particularizan los riesgos.
4. La economía civil destina sus ganancias a tres rubros fundamentales:
   a. reinversión y mejora de sueldos
   b. promoción de la organización política, social y cultural
   c. obra pública.
5. La economía civil, fundada en empresas civiles, debe constituir la columna vertebral de la economía nacional, apoyándose para ello, en las fuerzas de la nación y no en el capital foráneo
6. La economía civil debe fundarse en el principio de que sus empresas, son promotoras de la vida interna y la unidad comunitarias.
7. La economía civil, no solo se vale del trabajo del hombre, sino que lo educa, capacita, apoya e impulsa en su desarrollo individual y comunitario
8. Con la construcción de la economía civil, el estado necesariamente se redefine, tendiendo a un papel coordinador y de representación nacional ante el extranjero. Es necesario tener presente esta tendencia, ante la actual trampa en que el estado pretende el control de una sociedad autoregulada
9. La economía civil, será la fuerza material que respalde la movilización civil y el camino por el que transiten los hoy sin voz.

II LA CONSTRUCCIÓN DE LA ECONOMÍA CIVIL O SOLIDARIA

10. La lucha por la construcción de una economía civil, no es la lucha por la conquista del poder del estado, sino la lucha por la construcción de un poder civil, mediante el cual, la sociedad civil se avoque a la solución de sus propios problemas (empezando por el empleo, la ecología, seguridad pública, transporte, etc.). Es la lucha por la construcción de la autonomía ciudadana frente al poder del estado, lo que implica una lucha por la construcción de una política civil, una seguridad civil y toda actividad que impulse la participación de la sociedad civil en la solución de sus propios problemas al margen de manipulaciones de estado y de pandillas ávidas de poder
11. La economía civil, debe ser la garantía de empleo de la sociedad, fundándose en el principio de dar preferencia a la ocupación de la mano de obra de las localidades en donde se asienten las empresas civiles, con la finalidad de propiciar la vida y unidad comunitarias.
12. La economía civil, debe ser producto de un gran movimiento nacional, ya que los esfuerzos hasta hoy aislados, han sido acallados, asimilados o sometidos por el estado.

13. La economía civil, debe ser construida por la sociedad toda, mediante la creación de miles de empresas civiles. Esa acción debe materializarse por medio de equipos multidisciplinarios avalados por personajes probos de la vida civil.

14. El financiamiento para la creación de empresas civiles, debe ser fundamental mente social, aunque no deben despreciarse otras fuentes. Debe cuidarse en todo caso, que el financiamiento no implique pérdida de autonomía ciudadana o subordinación alguna.

15. La lucha por la construcción de una economía civil, implica el reconocimiento de un frente político, además del frente civil; por lo que deberán contemplarse diversos niveles de lucha: parlamentario, callejero, de trabajo de base, etc.

16. Los comités impulsores de empresas civiles, tienen como tareas mínimas las siguientes:

    a. ELABORACION DE PLAN DE FACTIBILIDAD
    b. CONSECUCION DE FINANCIAMIENTO
    c. CREACION Y OPERACION DE EMPESAS (nivel operativo, administrativo y comercial)
    d. ORGANIZACIÓN PARALELA (a la de la empresa) DE COMUNIDADES O UNIDADES SOCIALES

VI. ¿QUÉ HACER?

En si el movimiento ciudadano es perfectamente factible, y supone solamente ejecutarlo. Sin embargo, existen muchos lastres y oposiciones que dificultan su realización. Además, la energía que supone su concreción es muy grande para estos momentos de nihilismo en que el sistema seduce y adormece con el señuelo de la democracia. En tal sentido, pese a que el movimiento es una propuesta práctica, realizable en lo inmediato, las condiciones político-sociales del país y del planeta lo hacen aparecer como una de tantas utopías del tipo de: "si todos nos uniéramos...". Por ello, este documento no puede ser otra cosa que un mero manifiesto. Un documento en donde se expresa lo que se piensa y en donde todas las referencias a lo que se debe hacer son meros indicadores, guías para la acción y no dogmas de un "deber ser". Sin embargo no se puede ignorar que lo que se propone tiene toda una lógica, y se sustenta en todo un aparato teórico-explicativo. Aunque no se pretenda, este manifiesto delinea una serie de metas a que se puede llegar, es decir: DELINEA UN HORIZANTE UTÓPICO.

En este momento de crisis mundial de valores, es necesario abrir cotos de autonomía ciudadana en donde la gente pueda construir y reconstruir las bases de su propia existencia. Debe promoverse la autonomía ciudadana creando las bases materiales de dicha autonomía. Esas bases materiales no pueden ser otras que acciones y empresas que proporcionen posibilidades de realización de los individuos y comunidades, que proporcionen el diario sustento de la gente y sus familias.

Una ciudadanía controlada por el poder, en donde nada puede decidir sino sólo obedecer, solamente podrá liberarse en la medida en que construya bases materiales para un hacer independiente. Este se logra al momento en que la ciudadanía produce y controla sus medios de subsistencia y desarrollo.

No es necesario que dependamos del gobierno, La iniciativa privada o del capital extranjero para crear empleos o para generar nuestras instituciones de cultura y de desarrollo, basta la ciudadanía organizada para crear todo lo que necesita.

El documento pone en el tapete de la discusión la posibilidad de realización de la autonomía ciudadana como un camino de acceso a ese mandar obedeciendo, a la auténtica democracia en donde cada ciudadano sea capaz de ejercer su propio poder.

Así pues, las tareas que se proponen no redescubren el hilo negro: no, muchas de esas tareas ya se realizan. La tarea central, consiste en crear una corriente que muestre que la autonomía ciudadana sí se puede lograr y que en muchos casos ya existen múltiples versiones de autonomías más o menos limitadas más o menos extensas. Se trata de que sea un movimiento masivo el que se realice, ya que esfuerzos aislados se perderían o serían rápidamente copados y controlados por las fuerzas gubernamentales. La tarea principal, consistiría en una campaña permanente de difusión y promoción por un lado, y por otro en la búsqueda de nexos entre organizaciones que de algún modo ya se inscriben de manera independiente o autónoma en la producción, el comercio o los servicios.

De acuerdo a lo anterior, las principales tareas podrían arrancar de lo siguiente:

1. La creación de centros autonomistas (cafés, centros de grabación para artistas locales, pequeños talleres, etc.). El centro autonomista deberá producir y ser un lugar de confluencia en donde la sociedad civil encuentre un espacio de expresión y acción. Centro de discusión, acción y propaganda, el centro autonomista tendrá sus fines propios, pero albergará al mismo tiempo cualquier manifestación de la sociedad civil.

2. La búsqueda de nexos entre organizaciones y comunidades que de alguna forma se inscriben en actividades económicas. La búsqueda de nexos entre las organizaciones, tenderá a buscar ligas materiales que las fortalezcan, ya sea propiciando el intercambio de bienes y servicios, ya sea encontrando soluciones a problemas comunes. Se trataría de proyectar a niveles cada vez más altos, los éxitos que se obtienen a nivel local, como una forma de ejemplificar que la sociedad civil es capaz de atender sus propias necesidades de educación, desarrollo, producción, empleo, seguridad, vestido, calzado, etc..

3. Específicamente es necesario crear centros artesanales que expendan productos hechos por organizaciones, comunidades e individuos integrados al movimiento. El centro artesanal podría ser una especie de empresa integradora que aglutinará a carpinteros, herreros, alfareros, fabricantes de ropa, peleteros, zapateros, etc.

4. Creación de enlaces entre comerciantes y microempresarios. Estos enlaces se lograrían mediante el levantamiento de un padrón de comercios y un padrón de productos de microempresas y productores comunales. Con dicha información se podrían formular catálogos y directorios mediante los cuales los comerciantes sabrían de que productos podrían disponer y los productores podrían localizar rápidamente a sus posibles clientes.

5. Creación de estudios de grabación que recojan profesionalmente las expresiones artísticas locales, a la vez que promueven en otros ámbitos a los artistas más destacados.

6. Integración de redes de comerciantes que expendan los productos artísticos generados por el movimiento ciudadano.

7. Realización de muestras temporales y permanentes que promocionen al movimiento y sus productos.

8. Articulación de una red de contactos entre funcionarios, representantes populares y empresarios progresistas que faciliten la colocación de los productos del movimiento.

9. Propagandización permanente del movimiento.

Resulta evidente que las tareas propuestas no son las únicas que es posible realizar. En realidad, cada individuo, familia o colectivo deberá plantear sus propias tareas con dos metas inamovibles: LOGRAR LA MAYOR AUTONOMÍA POSIBLE Y ALCANZAR

EL MAYOR GRADO DE ARTICULACIÓN CON OTROS INDIVIDUOS O COLECTIVOS AFINES.

Xochimilco, D. F., enero del 2001

2. *Carta al EZLN*

Comandancia General del EZLN

P r e s e n t e.

Como tenemos unas cosas que decirles y no podemos hallarlos, nos vemos obligados a mandarles este correo y a enviarlo por muchos lados buscando que les llegue alguna vez y así pueda que nos contesten. De todos modos no nos agüitaremos si no lo hacen, porque al fin y al cabo las palabras son un capital que bien puede malgastarse.

Hace mucho que desaparecieron ustedes del "politic show" y la verdad es que iban bien. Acá en México nos llegamos a entusiasmar con ustedes, pero de pronto se fueron. Entendemos eso, sabemos que no es fácil movilizar a la gente, que todos andamos medio dormidos con las soluciones de vida nos ofrece el capital. Da pena que nos conformemos con engordar, pero no hemos podido sacudirnos este letargo que ya dura, mientras el capital campante por el planeta experimenta embruteciendo a todos para estimular la productividad mediante el hambre y la bestialización colectiva. Vamos alegremente en retroceso, consumimos horas frente al televisor o navegando por Internet en sitios porno, chats y portales mágicos en donde todos gritan y nadie se habla. Seguimos entusiasmados a los próceres del imperio, sean roqueros ligth, o de la vanguardia "propositiva", nos olvidamos de la música que inventaron los campesinos y los jodidos de las ciudades, nos olvidamos de nosotros.

Cuando salieron ustedes nos nacieron muchas esperanzas. No pensamos que con las armas pudieran hacer mucho, pero nos entusiasmó que ustedes de muchas maneras habían inventado su mundo y lo habían sostenido por muchos años con su hambre, su necesidad, su orgullo y su terquedad. Por eso les teníamos esperanza, habíamos puesto la fe en ustedes, y se las seguimos teniendo porque no se han muerto ni han desaparecido pese a que ya les metieron carreteras para "modernizarlos" con las venéreas, la prostitución, el robo y la insidia. Sus mejores armas son el tiempo y la paciencia y eso es lo que esperamos que sigan aplicando.

Ustedes saben más que nosotros sobre los asuntos de lo que han de hacer, pero creemos que ya es hora de que vuelvan a salir porque no puede seguir posponiéndose la lucha de la gente y ustedes se han convertido en la única vanguardia coherente que puede impulsar la lucha de la gente. Grillos hay muchos que dicen luchar por la democracia, justicia y libertad pero que en realidad luchan por el hueso o de plano tienen seco el coco y nada tienen que proponer. Pero además, a todos nos falta el prestigio de ustedes. A ustedes si les hacen caso los medios de comunicación, lo que ustedes dicen es trascendente, digan lo que digan. De hecho, periódicos como la Jornada solamente están esperando que ustedes les manden algo para publicarlo. Por eso creemos que ustedes, si quieren, pueden encabezar la lucha de todos los jodidos contra el capital trasnacional.

Dirán ustedes, "que cómodos, estos cabrones ya nos graduaron de Mesías". Nada de eso, es solo que andan ustedes en la lucha y el mejor modo de defender una causa propia es abogando por todos y porque además este es un asunto de todos aunque no sean todos los que participen. Eso ya se sabe, siempre irán los más aventados por delante o los que tienen más claro que es lo que hay que hacer.

Pensamos que su lucha es la buena porque ustedes son un buen ejemplo de cómo se inventan mundos, ustedes son un buen ejemplo de que el camino de la lucha más importante es la invención de nuevos mundos para ser habitados por los que no cabemos ni queremos caber en el sistema que el capital inventó. Ustedes son un buen ejemplo para los que no queremos pelear por migajas ni por empleos ni por fama ni por nada de lo que prometen y dicen.

Sin embargo, sabemos que la invención de nuevos mundos no es fácil, que debe de haber condiciones para que esos nuevos mundos sean posibles. Sabemos que esas condiciones hay que crearlas, que no se van a dar solas ni mucho menos. Es más, sabemos que los señores del poder están interesados en que su sistema sea el único que exista y que por eso no pueden permitir que surjan nuevos mundos, no toleran que haya otras formas de ser y de pensar y de Amar y de hacer de todo lo que uno quiera hacer de manera diferente. Esos señores quieren que solo su mundo exista, quieren que uno escoja entre las posibilidades que ellos nos quieren vender y a eso le llaman democracia, esa democracia mercantil es la que nos venden.

Por eso creemos que es bueno que ustedes salgan de nuevo a la calle, para que le expliquen a la gente que lo que sigue es crear condiciones para que los nuevos mundos sean posibles. Hace falta que gentes con el prestigio de ustedes nos ayuden a que entendamos que primero es lo primero, que primero se crean las condiciones y luego los mundos nuevos nacerán solos. Necesitamos entender que podemos usar el cerebro de otra manera, amar y a hacer las cosas de manera distinta, o si quieren igual pero ya sin el marco del consumismo agobiándonos, persiguiéndonos y haciéndonos infelices y cada vez más pobres.

Por eso creemos que deben salir de nuevo, porque si seguimos empecinados por estar luchando por migajas de democracia, de poder o de consumo, solamente le estaremos haciendo el juego al capital. Les decimos lo que creemos que se debe hacer, aunque suene que se los mandamos. No podríamos mandar nada ni a nadie. Decimos lo que creemos porque muchos hemos luchado por mucho tiempo y nos llegamos a convencer de que la lucha es por donde ustedes la han emprendido. Un buen camino, hoy sabemos, es pelear por reconstituir la vida colectiva de las ciudades, de los ranchos, y de todos los lugares en donde el empleo capitalista nos ha convertido en individuos egoístas incapaces de entablar ni siquiera una plática con el vecino ni mucho menos emprender una lucha o acción colectiva.

Hoy sabemos que un buen camino es luchar porque las gentes no tengan que ir a gastar horas de su vida en llegar al trabajo, para que ese tiempo lo puedan utilizar en perderlo con su familia, con sus amigos, sus vecinos y con quien esté dispuesto a compartir lo que los demás quieren compartir. Hoy sabemos que mientras que no hagamos lo que ustedes: ofrecer alternativas de vida, jamás podremos salir de las garras del capital.

Sabemos que la vida colectiva se rehará cuando el propio movimiento de la gente se refleje en la sopa, el calzado, la diversión y en todo lo que ha escogido como bueno para vivir. No podemos seguir permitiendo que el empleo capitalista sea la única pauta de vida, construir desde abajo significa construir caminos por los cuales transite la vida común y aún la vida heroica o festiva de la gente.

Con ustedes sonó una nueva hora, con ustedes se abren nuevos tiempos ¿Les quedará gana de salir de su selva? ¿Les quedará gana de andar por los pueblos, las calles de este sufrido país diciendo lo que hacen, como lo hacen y por que lo hacen? ¿Les quedará gana de contestarle a la gente de los ranchos, de los barrios pobres de todo el país cuando les pregunten sobre sus dioses, sus costumbres, su comida y a lo mejor hasta de sus amores?

Salieron los 1111, despúes los que vinieron a ver a los diputados ¿Podrán ahora a salir a dar la buena nueva de que hay que crear nuevos mundos, de que hay que crear las condiciones para que solos surjan? ¿Podrán ahora repartirse por toda la patria en brigadas de educación, de discusión o de mera información e interacción? ¿Podrán correr el riego de que a la mera hora tengan que ser organizadores directos de pequeñas y grandes luchas?

Puede que sea mucho, por eso no nos agüitaremos si ni siquiera nos pelan.

Nos despedimos y los felicitamos por su silencio, los felicitamos porque la más difícil de las tareas que hay enfrente es la de callar.

Xochimilco, D. F.
Febrero de 2002

3. La Obsolescencia de los Políticos

Recibí un correo electrónico en el que se mostraba toda una reflexión y propuestas para remediar corruptelas de un partido político. A veces solemos retornar a nuestro origen de izquierda como conciencia de la derecha. Pretendemos que diciendo a los corruptos que no lo sean, dejarán de serlo. Olvidamos que un corrupto lo es porque puede y porque el sistema en que se inscribe lo permite como riesgo y como tal acepta la corrupción en múltiples modalidades; a grado tal que tan solo se castiga el descaro.

Proponemos, discutimos y condenamos las corruptelas de los políticos llevados por la ira, por el descontento y por gritar un ¡Ya Basta! Tal y como se desprende de la discusión del correo que recibí, los partidos políticos son por decir lo menos: deshonestos. Tienen que serlo porque la lucha es por el poder y el dinero, porque ya ha quedado muy lejos la lucha heroica que los inspiró. Los partidos son deshonestos, corruptos y manipuladores y juegan admirablemente su papel. Ellos hacen, nosotros criticamos e ingenuamente señalamos por donde caminar. La burocracia partidista se ha acomodado en el sistema y para poder seguir en él tiene que seguir actuando igual.

No es sano definirnos en derredor de una dirigencia corrupta, la crítica debe orientarse hacia la construcción de un movimiento enraizado entre la gente, quizá fuera de las lámparas de la opinión pública (por lo demás, en manos del sistema), pero siempre construyendo como un modo de vida y no por ganas de teorizar o encontrar y hacer lo correcto. A veces da la impresión de que no hemos salido de la barbarie del pensamiento, que somos incapaces de acometer una existencia integral, permaneciendo dominados por la víscera izquierda de nuestro cerebro.

Vale entrarle al sistema si de ahí sacamos agua para nuestro molino y vale porque ese peso inercial difícilmente lo podemos ignorar, salvo si militamos por catarsis. Es necesario construir riadas político-sociales que por su propia inercia arrastren a la gente y creen por ellas solas posibilidades y estilos de vida. El siglo antepasado se entretuvo muy bien con las nociones de "Izquierda", "socialismo" y otros términos chistosos, hoy debemos seguirlas usando porque así lo requiere el marketing, pero es claro que el camino que hemos de andar, aún hay que caminarlo y que ese camino transita más en el campo en donde la gente construye que por el que se limita a la crítica política.

Hoy día es claro que los partidos y los políticos que los administran se han convertido en enemigos de la gente. Queda claro que los partidos no son otra cosa que un factor más que desvía, acapara y concentra todos los bienes que la sociedad crea. Los partidos políticos en todo el mundo no son ya otra cosa que instrumentos de control **a favor** de los poderosos, por ello no los van a dejar desaparecer tan fácilmente sino hasta que se construya una alternativa de control y manipulación que llene el hueco que dejarían los partidos con su desaparición.

Dos sucesos conmueven a nuestro tiempo: Uno, el desgaste de la democracia partidista como instrumento de control y otro, la lucha sorda de la gente por abrirse espacios de sobrevivencia tales como los ambulantes, los colonos asentados en terrenos irregulares, las prostitutas, los gay, los microempresarios, los artistas independientes, y los ciudadanos comunes que intentamos escapar a la impotencia y a la inercia a que se nos somete.

Las clases dominantes pretenden renovar la democracia sin remediar el injusto reparto de la riqueza. Nos llaman a participar en el cambio como prioridad absoluta y como remedio para atender las justas demandas que significa la lucha sorda de la gente por ganar espacios de sobrevivencia. No debemos caer en esa coartada, nuestra lucha es con la gente, al lado de la gente abriendo espacios de sobrevivencia; solo en esa medida, nos

<u>interesa la democracia y el sistema político. Primero hay que volcarse en la problemática de la gente y a partir de ahí participar en los cambios que requiere el sistema político; de otra manera estaremos construyendo solamente el nuevo mecanismo de control que el poder despótico necesita (la burguesía financiera y la trasnacional a la cabeza).</u>

El político ya no sirve al sistema, éste se vale, de una manera mucho más eficaz y barata, se vale de los medios masivos de comunicación para lograr el control que de manera artesanal hacen los políticos. El sistema ocupa al político ya solo como un empleado, cargo que éste alegremente acepta; solo que el político es un empleado demasiado caro: el mismo puesto y las mismas funciones las puede realizar cualquier ciudadano promedio pero con mucho menos problemas y mucho más barato.

El ascenso de verdaderas luminarias de la ineptitud a puestos de gobierno ha ido convenciendo a las clases en el poder de la inutilidad de seguir usando a los políticos como administradores.

Sin embargo, no se puede desechar tan fácilmente al político, antes hay que encontrar a quien lo supla, ya que los puestos que copan son claves en el control del dinero y el poder. Vale recordar que en su momento los empresarios se apoderaron del Partido Acción Nacional para intentar quitar de la administración a la clase política que en ese tiempo la encabezaba el PRI, hoy se ha demostrado que cuando los empresarios se convierten en políticos caen en los mismos vicios que criticaron. Es claro, el político es el que sobra.

El control de la educación y de los medios masivos de comunicación resultó formidable en la tarea de homogenización de la sociedad, lo cual se ha traducido en control de la misma. Los medios apuntan a ser los candidatos idóneos para suplir a los políticos, pero su principal exponente que es la TV se halla muy rezagada, apenas han dejado entrar a personajes como Brozo capaces de manejar una crítica híbrida y sin violentar el canon que impone el control de los medios. No es mucho pero ya se dibuja al probable sustituto de los políticos.

La televisión deberá dar mucho más y buscar su lugar tal y como lo hicieron los diarios o hizo Brozo en su programa "El Mañanero": aceptar al sistema como es limitándose a señalar inconsistencias y errores pero jamás poniendo en duda al sistema todo. Los tiempos de TV y sus ritmos son ideales para la manipulación ya que se puede hablar de la corrupción de los políticos pero no de la ley que los posibilita ni como se generó tal ley y a quienes favorece como un todo. En la medida en que la TV, el más poderoso medio de comunicación masiva, deje programas ñoños de concurso e invente una programación como "Diálogos en Confianza" y "El Mañanero", podrá ir supliendo a los políticos. La prensa y la radio ya hacen su papel, son conciencia del sistema en vez de ser memoria del hacer de la gente. Prensa y radio hacen tan bien su papel que incluso aprovechan intentos de trabajo entre la gente (como los programas radiales basados en la crítica a los políticos y los partidos y múltiples artículos periodísticos hipercríticos) para vestirse combatividad.

Poco a poco se han ido arrebatando banderas a los políticos. Las marchas y protestas callejeras son atacadas y se ansía limitarlas o prohibirlas: se empieza a construir una ética y una estética de la protesta que, con la coartada de la libertad, se pretende controlar a favor de los poderes establecidos. No es ético ni legal marchar por la calle obstruyendo el tráfico, no es estético poner carpas que afean la ciudad en los famosos plantones. Pero no habría que echar las campanas al vuelo, con todo y el control de la protesta el político no desaparecerá, sino que se acomodará a la administración como hoy ya lo hacen multitud de gobernantes locales más preocupados en administrar que en gobernar.

La conducción y el control de la sociedad apunta a que será mediática, apoyada por instituciones provenientes del pasado inmediato como las escuelas, universidades y los personajes que se pretende sean ejemplos a seguir (artistas, políticos, científicos y en general, personajes célebres incapaces de brincar las trancas del sistema).

Las universidades aunque han perdido presencia toda vez que su capacidad disciplinaria ya no es necesaria, ahora apuntan a ser los lugares de ritual mediante el cual se incorpora el individuo a la sociedad y se le acaba de pulir. Es muy difícil que el hilo del control del sistema se pierda, nos toman desde niños, cuando apenas nos hemos hominizado. Del kinder a la universidad el trabajo es fundamentalmente de domesticación directa. Fuera de la escuela la clave del control la tiene el empleo complementado con las fuerzas coercitivas, las cuales cumplen un papel fundamentalmente presencial que nos recuerdan la imposibilidad de escape. Completan todo este círculo los Media que nos penetran de mil maneras redondeando la conformación de esa consciencia interior convertida en policía individual que nos limita y constriñe en nuestro "yo". Educación manipulada, empleo controlado y mass media son la triada que más amenaza la subsistencia de los políticos.

En ese marco, el político resulta ya obsoleto y solamente es mantenido como elemento del sistema, ya no como su sostén. Su utilidad marginal será testimonial, mostrando una vía de éxito para quien se incline hacia cierta turbiedad legal. Con el político se completa un cuadro de personajes de éxito que dan para todos los gustos, eso en última instancia puede resultar suficiente para que se mantenga su presencia en el sistema. Haríamos bien en resignarnos a sufrirlos un buen rato más.

may-sep 04

4. El Papel de la Teoría en la Erección de una

Economía Solidaria

Con Deleuze[3] y Foucault[4] Occidente alcanzó lo alcanzable en cuanto al pensamiento y la revolución. Con Feyerabend[5] el discurso burgués extremo está muy cerca de su cima. Solamente parece faltar la invención a partir del disparate, la demencia y la estupidez lo cual ya es perfectamente factible (aunque parece ya estar en práctica con personajes como Bush y Fox presidiendo poderes nacionales) una vez que occidente cuenta con recursos de sobra para dispendiarlos, como de hecho se dispendian con la actual carrera informática y con la elevación a rango de genios a verdaderas vacas no necesariamente sagradas. De ninguna manera es esto improbable ya que el mercado exige mayor creatividad y el poder más control y autocontrol. El modelo de realización por vía del consumo no va a cambiar y es justamente esa circunstancia la que dio lugar a los discursos extremos como el de Feyerabend y Kuhn entre otros.

Alcanzada la cima parece imponerse el silencio. No agregar una palabra más que no sea para inventar maneras de producir y organizarse, de tal manera ideadas, que por ellas solas apunten a nuevas posibilidades de despliegue del individuo y las colectividades. No más teorías revolucionarias, Nietzsche y Foucault se acabaron las posibilidades modernas de pensamiento. De hecho, ambos prefiguraron el plan de la revolución posmoderna: el primero remitiendo el hombre a su poder y el otro atentando contra el significante.

Aunque abandonemos al pensamiento, aunque dejemos de pensar, el pensamiento no nos abandonará, solamente será torcido por la acción. Quizá sigamos pensando que continuamos pensando como pensábamos antes de torcer el pensamiento con alguna acción. No importará, una alternativa nueva de existencia solamente podrá forjarse a partir de lo que se es, sin necesariamente renegar de serlo.

Lo que está en juego es crear alternativas de existencia como las que creó la burguesía y que son base para el capital. El cosmos creado por la burguesía es hasta cierto punto interesante y divertido, pero trae consigo algunos inconvenientes que resultan indeseables a grandes capas de la sociedad (como el desigual reparto de la riqueza socialmente producida, la frustración y la falta de realización por razones directamente atribuibles a ese mal reparto). Un nuevo mundo creado, nuevas formas de existencia traerán sus inconvenientes pero ignoramos cuales serán, quizá eso hace tan atractiva su creación.

Existen miríadas de activistas que organizan ya una comunidad, un club de lectura, un equipo de fut bol, una cooperativa e incluso una revolución, pero mientras esas acciones no se subordinen a actividades duraderas que produzcan bienes materiales que se retraten en la sopa, en los zapatos, en las camisas y en general en lo que la gente considera necesario para vivir, no se podrá aspirar a ningún cambio, se actuará subordinado al capital dándole válvulas de alivio en zonas en donde poco puede hacer. Tal es lo que hacen las guerrillas, las cuales subordinan la producción y la organización comunitaria a la toma armada del poder.

No es posible ya atenerse a una teoría revolucionaria sino a acciones revolucionarias que incluso carezcan de teoría como es el caso zapatista. Importa crear un poder civil y económico; un poder material en donde las posibilidades de realización y subsistencia

[3] Deleuze; Gilles, Guattari Felix. ¿Qué es la Filosofía?. ED. Anagrama. Barcelona, 1977.

[4] Foucault, Michel. Microfísica del poder. ED. La Piqueta, Madrid, 1992.

[5] Feyerabend, Paul K. Contra el Método. ED. Planeta-Agostini. Barcelona 1994.

de las comunidades emane de ellas mismas. No se habla de universos autárquicos, sino de federaciones y confederaciones de comunidades entrelazadas.

Lo importante hoy es encontrar formas de trabajar al seno de colectivos que ya operan como los formados en torno a los peseros, comerciantes ambulantes, asentamientos irregulares, torteros y taqueros, fayuqueros y toda esa pléyade de grupos y gremios que definen colectivos que operan dispersos bajo la involuntaria guía del estado o de líderes subordinados al estado o a la avaricia del dinero.

A esas agrupaciones hay que ayudarlas a que se conviertan en auténticos colectivos, pero no de una manera paternalista, sino que hay que idear maneras para generar espíritu de cuerpo, crear colectivo. Se puede recurrir a actividades que atiendan a las familias de los agremiados tales como apoyos para pasar exámenes, clubes de reunión, cursos de actualización, etc. En ese tipo de actividades se ha acumulado bastante experiencia que es necesario aprovechar. Ciertamente que muchos de estos agrupamientos ya están sumamente corrompidos y solamente se agrupan para cuestiones muy puntuales como la disputa del espacio público, la concesión, la permanencia (en el caso de los asentamientos) o la mutua protección y apoyo, por lo que muy posiblemente haya que recurrir a la formación de colectivos que sirvan de ejemplo -por vía de obtener resultados similares a la de grupos existentes pero con el extra de la vida colectiva interna.

Se puede también recurrir a la organización de comunidades por vía de la implantación de negocios en ellas, tales que no solamente sean el eje de su vida colectiva sino el eje de su organización y sustento de actividades de orden social, político, artístico, religioso y de todo lo que pueda unir a un colectivo. Hacer hoy un estudio de grabación que apoye el talento artístico de los jóvenes es relativamente barato, lo mismo sucede con la posibilidad de crear centros comunitarios de los colectivos en donde haya juegos, se pueda charlar, aprender un oficio o practicar algún deporte. Con iniciativa y convicción se pueden reunir recursos hoy dispersos y direccionarse hacia la creación de colectivos que puedan ir creando sus propias reglas de existencia; estas, les aportarán un signo de pertenencia, una identidad y posibilidades de realización a la mano.

En suma:

1. Tradicionalmente pensamos que todo lo que huela a comunidad debe pasar por el compromiso y la consciencia. Error, ni el sol, ni el aire, ni la respiración humana se llevan al consciente colectivo, pero sí se interactúa con ellos como parte de un todo. Una economía solidaria deberá basarse en empresas que no tengan que sostenerse ni con el compromiso ni con la consciencia comunitaria, sino que se deberán funcionar autónomamente como parte de un mecanismo ordinario de sobrevivencia que no necesariamente requiera de esfuerzos colectivos extras para su sostenimiento (tal y como lo han hecho las empresas capitalistas). Los esfuerzos conscientes extra son a la larga una carga que estorba cuando se tienen múltiples cosas mucho más importantes que hacer en la vida, tales como perder el tiempo, dormir o hacer el amor. Nunca debe apostarse a la fatiga del colectivo.

2. El cooperativismo echó en la espalda de las comunidades la responsabilidad de las empresas y de la economía, con una de ellas bastaba para su fracaso. Una empresa es tarea de una vida o de varias, pero no de una comunidad. A uno o pocos individuos puede resultarles necesario, divertido o vital involucrarse en la creación y sostenimiento de una empresa, pero la experiencia nos dice que el resto de los individuos de una comunidad encuentran más interesantes otras cosas y que su involucramiento con las empresas es estrictamente formal. De ahí que la inmensa mayoría (casi su totalidad atendiendo al número de las que

persisten ante las que se crearon) de las cooperativas desaparecieron, son solo historia en nuestro país.

3. Occidente que opera en base al pensamiento (en el cual la consciencia es vital) es más afín al compromiso comunitario en torno a cooperativas, no es el caso nuestro que trabajamos en base a la intuición y la representación (que son formas totalizantes de operar) en las que el sistema económico es tan solo una fracción de la experiencia vívida. Es cierto que el espacio cultural nuestro se deforma ante la presencia del sistema capitalista que es monotemático, pero pese a eso seguimos con nuestras tendencias que tercamente se manifiestan en múltiples aspectos de nuestro hacer social.

4. Es un gran error pretender articular una teoría que guíe los pasos para construir una economía alternativa al capitalismo, a partir de una economía solidaria; ésta se construirá a partir de la experiencia comunitaria integrada. Una economía alternativa deberá nacer a partir de rehacer la vida colectiva de barrios, colonias, pueblos y ciudades. Esa vida colectiva apoyada en micropolos de actividad comunitaria (cafés, talleres, empresas, centros de diversión, etc.) será la que conduzca la creación de un verdadero poder colectivo basado en una economía comunitaria fuerte. La teoría no puede seguir jugando el papel de rectora de la acción; la teoría solamente debe ser auxiliar de la acción directa y no la que marque los caminos a seguir, solamente debe ser la que reflexiona sobre ellos, la que ayuda a corregir rumbos no la que los prefija. En todo momento la teoría debe comportarse como un método y ser únicamente la idea que alumbra tenuemente a una realidad que se le sobreimpone.

5. Craquear a un sistema que piensa, para seguir pensando, es reproducir lo mismo que se combate; eso ya nos lo demostró la URSS. La economía solidaria fundada en la microempresas asentadas en comunidades es un crack para el sistema, algo que lo abre y lo aprovecha en un sentido distinto al del capital y con otra lógica ¿Cuál? Si hoy pudiésemos definirla, no estaríamos craqueando nada. La economía solidaria o civil y su teoría, deberá empezar a construirse a partir de la integración de las comunidades.

6. La teoría solamente es necesaria en el ámbito de la lucha ideológica, la cual necesariamente se desarrolla al interior del y para el sistema. Urge inventar teorías sanas y fuertes para defender la existencia de criaturas sociales de otra especie; urge teorizar como un método de contención de los perros de caza.

7. Lo que da piso a una economía solidaria es precisamente nuestra propensión gregaria ampliamente documentada por la antropología. Esa propensión gregaria no es un mero impulso colectivizante, es toda una forma de vivir y hacer distinta punto por punto de la manera capitalista, por más que ésta distorsiona a aquella. Las características de nuestro gregarismo no son valores, son devenires retratados incluso en nuestro cableado neuronal. Tales devenires tienden a interactuar como un todo. Un valor destaca sobre un fondo constituido por el conjunto de cosas que no lo son, una visión holística difícilmente puede hacer distingos, salvo los coyunturalmente operativos (como la tecnología útil en la elaboración de mercancías, las decisiones, etc.) que de ninguna manera son los rectores de la existencia.

8. Los planteamientos sobre el cooperativismo ingenuamente han erigido teorías de dominación social en tanto que no plantean el principio de autonomía para las comunidades, sino su regulación por parte del estado. La propuesta de Gómez Morín, como la de muchos otros, apuntó al despotismo o a lo que él entendió como el sometimiento del sector social.

9. La economía mixta es una realidad del capital, el cual requiere que el estado subvencione a la propiedad privada, por tanto no puede ser parte de un programa social de la sociedad civil. Sin embargo, es una realidad con la que se tendrá que convivir y que deberá irse modificando o desaparecer conforme se construya una economía civil (basada en microempresas capitalistas de orientación colectivista, organizadas en federaciones y confederaciones). Es decir, en tanto se construya el poder civil será obligado convivir con viejas estructuras orientadas a favorecer a las oligarquías y, en la medida de lo posible, reorientarlas a finalidades sociales.

10. No se puede pensar que con la economía solidaria deba desaparecer la empresa privada, no, se trata de que eso se decida en el juego de las fuerzas, en tanto, la empresa privada y empresas comunitarias habrán de convivir y complementarse; aquellas atendiendo la producción utilizando tecnología de punta, estas produciendo con medios convencionales. En todo caso, las empresas comunitarias serán el poder que contrapese la voracidad de las empresas privadas.

Jul-sep 04

5. De Ingenuidades

Los políticos consiguen colaboradores no por su simpatía, inteligencia o carisma entre otras posibles cualidades; sino porque explotan la estupidez, insulsez y mediocridad humana, por el simple método de dejar correr. Decía Cristo que dejasen que los niños fuesen a él, los políticos hacen algo parecido: dejan que los pendejos se les acerquen. Los cultivan y los explotan ¡y sin forzarlos a nada!

Independientemente de las connotaciones negativas que lo anterior pueda tener, me maravilla esa natural propensión a la felonía que muestran los políticos. Honestamente hablando no creo que se propongan ser canallas, les sale natural, como producto de algún don divino. Obviamente los hay canallas y conscientes, que en todo caso caen en la ñoñería de creerse listos.

Alguien bien nacido propende a prevenir a cualquier otro ante un inminente peligro o regazón; así sea que solamente se quede en la intención. Se previene, aunque sea con el pensamiento. Los políticos no, dejan que te batas en tus ingenuidades y pendejadas, te dejan a la deriva con tus pequeños odios e incompetencias. No se tientan el alma para llamar ideales a tus incoherencias. Ni tantito lo piensan para llamar compromisos a tus furores.

Nunca a nadie oí en la grilla que dijese algo así: "piensen en las posibilidades de que sus ideales se realicen y van a tener que esperar sentados, porque todo mundo dice proponer algo". Ni mucho menos oí algo así; "¿ya me vieron bien, ya se fijaron que solamente quiero participar del erario, ya notaron que soy medio corrupto y pendejo, ya analizaron mi trayectoria y cayeron en la cuenta de mi mediocridad".

Definitivamente jamás oiremos un: "mira muchacho no seas pendejo, vete a tu casa a masturbarte, a hacer algo de provecho, aquí andamos puros culeros". En fin, son ideas peregrinas, impublicables, propias para despotricar desde un chat o ser albergadas en la libertad del web.

6. ¿Cuál Conquista?

La llamada conquista de México no fue otra cosa que algo muy parecido a una guerra de liberación que los indios emprendieron contra los déspotas de ese tiempo que eran los aztecas. Estos percibieron muy insignificantes a los españoles, a los que fácilmente derrotaron durante la llamada noche triste.

Después de esa paliza, los españoles sabiendo de su inferioridad se dedicaron a hacer alianzas con todos los indios descontentos contra los tiranos. Los indios mismos vislumbraron la posibilidad de liberarse del yugo azteca y gustosos aceptaron a los españoles como el elemento de coherencia que les faltaba. Con ese factor de unidad los aztecas fueron fácilmente derrotados y los nuevos amos los sustituyeron de inmediato.

Que los indios no fueron conquistados nos lo confirma su propia situación. En los pueblos indios los señoríos indianos se mantuvieron. Los mandones indios eran la autoridad. Ejemplo de trato de aliado que tuvieron los pueblos vencedores lo son los tlaxcaltecas, los cuales fueron muy favorecidos, en Saltillo, en el lejano norte mexicano, en el siglo XVI, se les dieron tierras y aguas y el derecho a gobernarse solos, al margen de las autoridades españolas de la fundada ciudad.

Si los indios perdieron importancia como gobernantes, se debió a dos factores muy conocidos, aunque poco analizados en cuanto a sus consecuencias políticas. En primer lugar la mortandad indígena producto de las pestes, deshizo a la sociedad indiana; así nos los revelan las crónicas de la recién concluida "conquista". La población indígena se redujo a menos de la cuarta parte a mediados del siglo XVI. Se cuenta como los indios vagaban desolados al haber perdido a sus familias y como los curas hubieron de inventar las fastuosas celebraciones religiosas para atraer a la población indígena que no encontraba muchos motivos para vivir.

Las pestes no solamente mataron a los indígenas sin también a la mayoría de sus instituciones, las cuales rápidamente fueron sustituidas por las de la religión católica.

Por otra parte, las dos guerras de liberación siguientes (la gesta de independencia y la revolución) nos ilustran admirablemente los procesos de enajenación que sufrieron los pueblos rebeldes, empezando por los indios.

Los usufructuarios de la independencia resultaron ser los hacendados, los cuales impusieron un régimen despótico y sanguinario que nada envidiaba a los regímenes azteca y español. Tal usurpación fue posible en tanto que crearon una república ficticia ajena al pueblo, la cual subsistía precariamente gracias a los esfuerzos más bien individuales de caciques regionales asentados en vestigios del despotismo español y azteca.

La mal llamada república no era sino un agregado político incoherente en donde cada región permanecía aislada. El mal llamado gobierno federal apenas obtenía algunas rentas de algunas aduanas como las de Acapulco y Matamoros. Las regiones discurrían en una real autonomía, hecho que los norteamericanos pudieron comprobar al derrotar a mediados del siglo XIX al mal llamado ejército mexicano (que en realidad no era otra cosa que un ejercito más o menos particular sostenido por los gobernantes-caciques) con una facilidad pasmosa y sin encontrar mayor resistencia entre la gente (lo cual regularmente no ocurre en naciones integradas).

Esa autonomía regional fue la que permitió que se montara la farsa de la representatividad. La gente ya había derrotado a sus odiados enemigos, el resto fue asunto de pandillas que se disputaban las migajas de una república irreal. Al igual que los españoles que de la noche a la mañana amanecieron "conquistadores" gracias a la mortandad indígena, los hacendados se erigieron gobernantes gracias al aislamiento de las regiones a las cuales les resultaba indiferente quien "gobernaba" en tanto las dejaran en paz. Prueba de lo anterior lo constituyen los testimonios que nos hablan de como los bandidos cobraban peaje a los que pasaban por sus territorios ante la impotencia del "gobierno" federal.

La enajenación de la lucha revolucionaria del pueblo contra los hacendados fue más sutil. La clase política surgida de la revolución adoptó las viejas costumbres comunitarias para enraizarse entre la gente. De esa forma surgió el líder, el que repartía y que atendía paternalmente a sus "representados". Setenta y un años duró el PRI en el poder gracias a que supo insertarse en el carácter gregario de la gente, El PRI cayó porque sus gobernantes se elitizaron, porque perdieron el contacto con el pueblo, dejaron de sentir y pensar con él y como él.

Así pues, con la mal llamada conquista se inicia la serie revolución-enajenación que México vive hasta el presente. Los hechos son muy claros: ¿Cuál conquista?

La revolución democrática del siglo XX está siendo usurpada por la derecha trasnacionalista debido a errores tácticos de la izquierda ¿se repetirá la historia de la "conquista" en que los usufructuarios poco hicieron por lo que pretenden suyo?

7. Una Lección de Política

Vito Alessio Robles en su "Historia de tres ciudades..." nos ofrece una espléndida lección de política. Nos ilustra magistralmente como se defienden las causas y como se pagan los favores. El siguiente texto nos habla no sólo de la historia del soborno, sino de como el poder se deja pagar en oro. Pero dejemos que el propio Alessio Robles nos lo narre:

DATOS PARA LA HISTORIA DE LA REGIÓN LAGUNERA DE COAHUILA Y DURANGO (México)

En la región de La Laguna existe un hondo problema de carácter social. Aunque los campesinos ganaban allí mejores salarios que en el resto del país. su situación económica era verdaderamente precaria. Esos crecidos salarios solo se pagaban en la época de recolección de cosechas y, en general, en los tiempos bonancibles cuando el padre Nasas, cuyo nombre debe escribirse castizamente con s y no con z, acudía solícito con sus benéficas crecientes; pero como dicho curso de agua se mostraba esquivo en la mayoría de los años. Entonces la situación de los mismos campesinos era aflictiva y hasta desesperada. Casi se morían de hambre. Yo presencié en el mes de mayo de 1922 que muchos peones habían sido despedidos por los hacendados y que una corta minoría de ellos se empleaban en obras de recomposición de bordos, desazolve de canales, etc., con ruines jornales de treinta centavos. El río no había traído agua. Si los peones morían o emigraban, serían substituidos por otros. Los años de las vacas gordas compensaban ampliamente las pérdidas de los anos de las vacas flacas, pero esa compensación se refería únicamente a los terratenientes y nunca alcanzaba a los peones. El valor de las tierras llegó a alcanzar precios fabulosos y el rendimiento de ellas, en los años buenos era amplia y espléndidamente remunerador.

* * *

A principios de 1925 el azar me hizo ser compañero en un viaje tras- atlántico de un rico e inteligente agricultor de La Laguna, hombre que es famoso por haber sido el espléndido mecenas de una legión de escritores y artistas. En las largas conversaciones. me enteré con sorpresa que él desde 1911 había vendido sus tierras y que. después de una larga estancia en Europa había regresado a Torreón a cultivar algunos lotes de tierras, pero no en calidad de propietario, sino de arrendatario de las mismas. Inquirí los motivos y aquel hombre, enérgico y culto, me respondió con estas palabras
-Las tierras de La Laguna son riquísimas. En un año bueno pueden resarcir con creces las pérdidas de tres años malos y las ganancias obtenidas pueden soportar gastos muy crecidos que se emplean en halagos áureos destinados a funcionarios, candidatos y generales. Me tocó presenciar la entrada de las fuerzas maderistas a Torreón en los comienzos del año de 1911, y desde entonces quedé convencido de que, tarde o temprano, se habrían de repartir las propiedades entre los peones, pues la tierra es del que la trabaja. Por eso, vendí mis tierras y me marché a Europa, pero años después la nostalgia me hizo regresar a Torreón, en donde trabaje varios años como arrendatario, pagando a los propietarios el veinticinco por ciento de los productos, y me fue muy bien...
Y aquel hombre inteligente y de gran comprensión, que frisaba en los sesenta años, agregó sentenciosamente:
-Ya ve usted, en México ha comenzado el reparto de las tierras, pero éste habrá de retardarse en la región lagunera. Los de allí son los únicos terratenientes que han sabido eludirlo basta ahora empleando para ello variados procedimientos y el principal ha sido el de ganarse la buena voluntad de los funcionarios. Dádivas quebrantan peñas y los

agricultores de La Laguna son muy obsequiosos con los Jefes de Operaciones. A Obregón lo colmaron de agasajos. Hubo un gobernador de Coahuila al que obsequiaron más de cien mil pesos por la abrogación de un decreto que gravaba con más de trescientos mil pesos a la semilla de algodón. Al general Calles, que acababa de asumir la presidencia de la República, le hicieron un obsequio de cien mil pesos.

-Seguramente, no aceptó -interrumpí asombrado.

-Yo también creí que nunca aceptaría. El año pasado de 1924, cuando la Cámara de Diputados declaró que el citado general era el presidente electo y se anunció que éste, antes de tomar posesión de su cargo, emprendería un viaje de estudio a Europa, se reunieron varios hacendados. En media hora se juntaron en Torreón cien mil pesos oro nacional y se nombró una comisión para que entregase ese dinero al general Calles. Yo fui designado presidente de la comisión. Para eludir el compromiso, que yo creía peligroso, alegué que el mismo General, dadas sus ideas socialistas, no aceptaría el regalo y despediría a la comisión con cajas destempladas. Insistieron y hube de aceptar. Ya en la ciudad de México, el general nos recibió. Yo, con gran temor, expresé que los agricultores de La Laguna al enterarnos de que con el carácter de presidente electo se disponía a hacer un viaje a Europa, habíamos reunido una pequeña cantidad para ayuda de sus gastos de Viaje y de representación en el Viejo Mundo y la comisión había recibido el encargo de entregarle en propia mano un cheque al portador por valor de cien mil pesos. Yo medía y estudiaba cada una de mis palabras observando atentamente el rostro del general Calles, pues esperaba a cada momento una explosión súbita v terrible. Pero noté que a medida que avanzaba en mi corto discurso, la mirada penetrante y adusta del General y sus facciones duras, se dulcificaban. Se tornó sonriente. Cuando le extendí el cheque, poco faltó para que me lo arrebatase de las manos. Con la alegría retratada en el semblante, contestó:

-No saben cuánto las agradezco esta atención y la falta que me hacía este dinero. Doy las gracias a los agricultores de La Laguna por este obsequio les ruego se Sirvan transmitirles las expresiones de mi gratitud, diciéndoles que en cualquier dificultad que se les presente me tendrán Siempre a sus ordenes.

* * *

Lo que sigue ocurrió en el año de gracia de 1934. Se anunciaba el arribo a Torreón del candidato presidencial general Lázaro Cárdenas. Un jefe militar se acercó a los agricultores y les indicó reiteradamente la conveniencia de que ayudasen pecuniariamente a dicho candidato para los gastos de la campaña electoral. Los agricultores, acostumbrados a presiones idénticas, pues en tal forma el general Obregón obtuvo de ellos grandes cantidades para los gastos de su campaña reeleccionista, reunieron cuarenta mil pesos, que pusieron solícitos en manos del mílite. Inmediatamente después del arribo del general Cárdenas, se presentó a los agricultores el militar de la indicación, diciendo que el mismo general Cárdenas no quería ni podía ni debía aceptar aquel regalo de los terratenientes.

Desde aquel día la suerte de la comarca lagunera se consideró echada.

Vito Alessio Robles

Tomado del libro "Historia de tres ciudades: Acapulco, Saltillo y Monterrey"
Ed. Porrúa, México.

LAS HORAS DE LOS OTROS

8. Sobre el Pensamiento Complejo de Edgar Morin

Con su propuesta de pensamiento complejo, Morin amplia la noción de síntesis que ya maneja la ciencia, introduciendo interesantes puntualizaciones que exceden al estudio de un fenómeno aislado. La ciencia llama síntesis a la conjunción de datos y fenómenos que se orientan a una solución simplificada y rara vez contempla la complejidad que Morin sostiene. De hecho, muchas veces la famosa síntesis no es sino una suma aritmética de cualidades y fenómenos; por más que se acotara que tal suma lo era dialéctica. Sin embargo, la propia noción de síntesis comprende la conjunción de un conjunto de elementos, si bien no precisa si estos corresponden a entornos totales (totalidades parciales) y en mutua interacción.

Morin nos ofrece una vívida descripción de cómo los distintos ámbitos de la existencia interactúan y como se entreveran en la comprensión, pese a que no va más allá de la suma aritmética dialectizada de lo que nos habla. De hecho no podía ir más allá en virtud de la herramienta que utiliza. Para exceder los bordes en los que se mueve Morin había que recurrir a la metáfora y a todas las figuras de las que se vale la literatura. No obstante, habría que reconocer que en su obra El Método" dibuja un plano literario que mirado en conjunto logra acercarnos a esas otras funciones cerebrales que exceden al pensamiento. Su tratamiento exhaustivo de los aspectos de la vida, las ideas, la naturaleza y la sociedad fuerzan una imagen representativa que se resiste a la consciencia pero que deja el sabor de haber llegado a algo impensable. La manía de llevarlo todo a la consciencia (es decir a la función pensamiento) genera ese malestar típico de cuando nos hemos acercado a algo que no concuerda con la herramienta que queremos utilizar.

Pero Morin no solo logra atisbos de representación en su obra, sino que también linda con la intuición al reunir una gran cantidad de datos que llegan a apuntar a soluciones claras y precisas como la del pensamiento complejo. De su obra queda la sensación de saber de qué se trata el pensamiento complejo si bien resulta inasible ese saber.

Morin se mueve en la inteligencia, eso es claro. También es claro que no rebasa la función pensamiento, pero así como linda con la intuición y la representación traza una prospectiva del conocimiento a partir del pensamiento complejo: apunta a la premonición. Por último, su trabajo de invención sobre el conocimiento necesariamente lo ubica en el campo de la ideación. Es decir, su obra nos acerca a otras funciones cerebrales tan nominadas como inasibles.

Ciertamente puede decirse que Morin fracasa a la hora de exponer su intuición del Pensamiento Complejo, y ocurre precisamente eso porque no se puede explicar algo que pertenece al ámbito de la intuición. No puede utilizarse el estado mental del pensamiento para explicar lo que corresponde al ámbito mental de la intuición, del mismo modo que este texto necesariamente fracasa al pretender hablar de estados a los cuales se puede acceder solamente por su propia puerta.

Cuando se quiere captar lo complejo, el estado mental propicio es la intuición o alguna variedad de estado mental capaz de acceder a eso que llamamos "todo". La intuición es lo propio para el conocimiento complejo de lo puntual. Si se quiere "entender" cierta totalidad, ya no puntual sino extensa, entonces el estado mental a modo es la representación. De igual modo, si queremos asimilar lo que nos topamos por primera vez, el estado mental propicio es la ideación. A su vez, si buscamos una prospectiva de una situación compleja, el estado apropiado es la premonición.

El pensamiento sirve para interactuar con lo simple. Es el estado mental apropiado para tratar con lo simple-simple (por ejemplo: las leyes físicas) o lo simple-arbóreo (por ejemplo un sistema). En nuestra sociedad predomina lo simple por influencia de la forma de organizarnos en torno a la generación de ganancia, de ahí que la forma privilegiada para explicar o entender todo es el pensamiento y sus formas de expresión como son la inteligencia y la ciencia.

El pensamiento se vale de arreglos arbitrarios de ideas, premoniciones, representaciones, intuiciones y de todos aquellos estados mentales que puede echar mano (o invoca) en un arreglo parcial: lineal o arbóreo. Podría decirse que el pensamiento es la expresión mínima de la intuición, así como la imagen plana lo es de la representación.

Se confunde que todo es pensamiento y que la inteligencia es la habilidad de despliegue de ése todo. Pero Así como la visión (ser visionario) es característica de la **intuición**; la lucidez, el arrobamiento o la experiencia interior lo es de la **representación**; la adivinación de la **premonición** y la comprensión o asimilación lo es de la **ideación**, la inteligencia solo es expresión del **pensamiento** y de nada más. Los diversos estados mentales son lo que conforman la mente, de ahí que ésta resulte demasiado huidiza e inasible.

Si yo quiero romper una roca puedo utilizar un martillo para hacerlo y obtendré algún resultado dependiendo del tamaño de la roca, de su consistencia y forma; pero si utilizo un marro ésa será la herramienta apropiada para acometer a la roca. No se pueden explicar con el pensamiento las cosas que responden mejor a la herramienta de la intuición, la representación, etc. En su caso, se obtienen resultados como los del ejemplo del martillo, que necesariamente serán magros.

En el despliegue de la existencia es necesario a cada momento pasar de la inteligencia a la intuición, de esta a la representación, etc. etc., sin embargo pretendemos que para todo sirve el pensamiento por más que la experiencia nos arroja el dato de lo poco que se usa el pensamiento en la cotidianidad y aún en la ciencia. Nos hemos anclado en el pensamiento por un mero efecto cultural, como corolario del modo de dominación imperante.

Evidentemente aquí no estamos hablando ni de la ideación ni de la representación, premonición o intuición, sino solamente del pensamiento, ya que sabido es que el lenguaje es una más de las formas de expresión del pensamiento; por tanto, aquí solamente se habla de que hay muchísimas más cosas más allá del pensamiento, "cosas" en donde la intuición resuelve, la representación mira, la ideación "agarra", la premonición "adivina". Habría muchos más estados mentales que utilizamos sin siquiera reparar en su existencia. Nos llegamos a parecer al ciego de nacimiento que es totalmente incapaz de acceder a cosas como la luz.

Bataille ofrece un discurso inteligente acerca de cómo acceder al máximo grado de la representación que es la lucidez. Más modestamente trabajamos con la imagen como representación de un todo. Si bien la dramatización de la vida de Bataille (como método de acceso a la lucidez), ocurre generalmente por accidente o por vicio, recurrimos usualmente a "la imagen" cotidianamente para ubicarnos en el espacio-tiempo-social, que es justamente la que nos permite vivir y circular con moderada calma, azoro o un estado apropiado a las situaciones que enfrentamos.

Bataille nos ofrece una puerta, pero no la abre ni nos muestra su contenido, camina en derredor de ella para enamorarnos, para animarnos a trasponerla, a mirar más allá de la inteligencia.

Deleuze a su vez en "el Bergsonismo" (hijo que según él le hace a Bergson), nos muestra otra puerta de entrada, esta vez a la intuición. Kant, Marx y otros nos habían señalado entradas similares con sus posturas críticas, Deleuze nos las actualiza de manera inteligente, es decir, escrita, discursiva. La crítica feroz, implacable es la puerta para la intuición, más no la intuición misma, de ella no se puede hablar ni siquiera se le puede nominar. Esto es, llamamos intuición a algo que no es pensamiento, que no es representación y que no es muchas cosas, pero que se distingue de ellas en cuanto se tiene.

De la ideación nos han quedado las nociones de "¡eureka!", "caer el veinte", "captar", etc. que nos dicen que, finalmente, "abstrajimos" lo que se nos ofrecía. Aquí la puerta de entrada es más sencilla: es pararse simplemente ante lo desconocido, ante lo que no hemos visto y se nos arroja a la cara, nos lo arrojan o sin querer lo invocamos.

De la premonición poco podemos ofrecer salvo la pobre idea de la adivinación. El desprestigio la ha copado pese a que es el ejercicio de prospectiva que más utilizamos a la hora de enfrentar el despliegue de las cosas, la sociedad o las diversas situaciones que vivimos. Habría que recurrir a los manuales de inteligencia o espionaje para merodear en torno a alguna puerta de entrada de la premonición.

Septiembre 04

9. La Superioridad Intelectual del Hombre

Nietzsche definía a la mujer como un "animal de cabellos largos e ideas cortas", Nuestra falocracia no es menos cruel. A la luz de lo afirmado por Nietzsche parece que la naturaleza condena a la mujer con su 1.1 Kg. de masa gris ante el 1.3 Kg. del hombre. Definitivamente el hombre parece más inteligente. Pero ¿Qué hay detrás de ese 1.3 Kg. de masa gris del hombre? En estricto rigor parece que solamente hay una capacidad mayor de procesamiento de datos, lo que puede no significar gran cosa.

Un animal con una masa ínfima de materia gris al parecer pudo sobrevivir sin mayores contratiempos. Se trató de los pequeños mamíferos que sobrevivieron a la catástrofe que extinguió a los dinosaurios. Los entonces imponentes, y quizá soberbios dinosaurios que dominaban la tierra, desaparecieron; "sobreviviendo los pequeños e insignificantes animalillos de sangre caliente" (reza el documental) que dieron finalmente con el hombre.

La configuración cerebral que acondiciona el cuerpo al medio y le permite funcionar en él, no suele requerir de grandes cantidades de materia gris, de hecho, como lo prueba el caso de los insectos y otros animales, basta una brizna de la misma para funcionar. Donde domina la aptitud para la vida, no hace falta mucha materia gris.

El reino animal nos muestra que la inteligencia (capacidad de procesamiento de datos más o menos lineal, más o menos arbórea) es un dato interesante en algunos casos, especialmente cuando se trata de pequeñas o grandes tareas que poco o nada tengan que ver con el medio que nos rodea ni mucho menos con la totalidad que nos contiene. De ese modo un simio puede sacarle punta a un palo para alguna tarea eventual, un hombre puede construir artefactos contaminantes o escribir todo un programa de computación. Quizá el mayor servicio que ofrece la inteligencia es su capacidad para enfrentar emergencias preconcebidas. Hasta ahí. La inteligencia no da para más.

Cuando se trata de enfrentar a la existencia, la inteligencia sirve como un auxiliar menor. En el despliegue de la existencia hasta unos cuantos gramos de materia gris resultan superiores a la masa humana de cerebro. De esa manera una miserable lombriz de tierra actúa admirablemente en su entorno, mientras que un hombre no sabe que hacer en la vida si no cuenta con alguna teoría amable que lo guíe o si no tiene un sistema de ilusiones, como bien plantea Cioran.

El reino animal nos muestra a las claras que no hace falta mucha materia gris para sobrevivir, que en realidad la propia mujer está excedida de tal material con sus mil cien gramos. Así como el conejo tiene una capacidad exagerada para copular, las mariposas monarca para volar, el caballo para correr; el humano, particularmente el macho, tiene capacidad excedida para procesar datos. ¿Que el caballo, el conejo, etc. tengan capacidades excedidas los hace mejores que otros animales? Nadie se atrevería a decir que sí.

Los excesos en las capacidades son una más de las posibilidades de despliegue que tienen los arreglos genéticos, pero no son vitales para la sobrevivencia. Es más, tales excesos suelen representar inconvenientes a veces serios. La inteligencia del macho humano tiene metido al planeta en un basurero. Esos doscientos gramos de más que tiene el macho humano le meten en verdaderos problemas. Fácilmente deambula del ensueño filosófico al furor sexual o al idealismo paranoico: Su condición es el exceso.

¿Es entonces superior el hombre a la mujer por tener doscientos gramos más de masa gris? Definitivamente no. De hecho, queda la impresión de lo contrario. Mientras que la hembra humana se ubica perfectamente en el devenir de la existencia (salvo las mujeres macho como el caso de la mujer líder), utilizando ampliamente funciones como la intuición, que exceden ampliamente a la inteligencia en el manejo de lo real, el macho se pierde rápidamente en sus delirios. Así las cosas, el hombre parece ser la existencia excedida, la mujer la vida misma. Ninguno superior al otro, ambos, accidentes de lo mismo.

Marzo 2004

10. De Torpezas

La absoluta indiferencia de las bestias sólo es comparable con la absoluta torpeza de los hombres. Hubo un tiempo en que creí a la humanidad malvada, en el colmo de mi desprecio la miré estúpida, pero ¿Cómo puede un mineral ser imbécil?

A un impedido insolente se le odia por su falta de tacto para sobrellevar sus desgracias; pero en el fondo, termina uno por comprenderlo. Es quizá por ello que se justifica el humanismo. Es increíble tanta imbecilidad en los hombres: enternecen sus limitaciones. Hasta sus más absurdas bestialidades mueven a una estéril conmiseración. Cortos de vista, de entendimiento, de sentido común y de suficientes químicos para autoestimularse, apenas se puede creer que no hayamos acabado con el planeta. De hecho, si nuestras torpezas no han hecho estallar al mundo, es simplemente a causa de nuestra inoperancia.

De joven gustaba de mantener la tensión. Me reprochaba los descuidos que cometía y de ahí sacaba más energía para no perder un momento de vigilia. Repasaba y volvía a repasar lo que debía hacer. Daba vueltas y vueltas a las cosas buscando la mejor manera de hacerlas o enfrentarlas. Ahora se que siempre me engañé. Eran manifestaciones de mi inconsciente impotencia por disimular mis torpezas. Rápidamente el destino se ha encargado de mostrarme que también soy hombre

No soy capaz de ser cómplice de la humanidad y sus torpezas pese a que estoy claramente filiado a las mismas como hombre que soy (a partir de que un Papa impidió que siguiésemos siendo bestias). Obramos como chivo en cristalería no por maldad sino por mera incompetencia ¿cuanto tardaremos en alcanzar las pretensiones triunfalistas de la raza?

Lo que pueda achacarse a la humanidad de malevolencia, es producto de la mera casualidad. Cierto que se puede ser torpe y malvado, pero cuando eso sucede la maldad es incompleta por razones obvias. La maldad de la humanidad al aparecer tan total y tan eficiente no puede ser producto de alguien malvado y torpe. Tanta perfección en las torpezas, tanta eficiencia como muestra la maldad humana, no pueden ser sino producto de la mera incompetencia. Un malvado irredento tendría que lindar con la perfección para competir apenas tímidamente con el producto de las torpezas de la humanidad. Se llega a ser malvado por pendejo, no por tener el alma envenenada.

A un malvado irredento le bastaría con contemplar a la humanidad para quedar completamente satisfecho. Suponiendo que ese malvado existiese, bastaría con que se echase a dormir como bendito para que la misma humanidad realizara su obra. El auténtico malvado es el indiferente, con el cual solamente compite el activista, el hombre de acción, el que muestra iniciativa para adornar sus torpezas con pretendidos logros. El hombre de acción no es cínico ni embustero es un simple pendejo con iniciativa.

Los otros, los pasivos, intuyen sus limitaciones (o algún hiperquinético se las echa en cara) por lo que no muestran prisa por adelantarse a nadie: viven y mueren de torpeza natural. Esta parte pasiva de la humanidad si tan sólo fuese consciente de su estado seria malvada ¿Será por ello que los corderos de Dios me causan tanto prurito?

Siempre he tenido la impresión de que las buenas almas o son pendejos al cuadrado o a solas se carcajean del resto de la raza

A fuerza de no contradecir lo afirmado, tendría que aceptar que como torpes lo hacemos bien (pese a que uno que otro individuo se empecine en contradecirnos). Crecemos como conejos, tenemos debidamente contaminado al planeta en un virtual batirnos en nuestros propios excrementos, agotamos a pasos demenciales los productos no renovables, hacemos hoyos en la atmósfera, derretimos los polos, inauguramos desiertos

en donde había bosques y al paso que vamos, al menos una porción de la humanidad habrá de inventarse algunas prótesis para ampliar el cuerpo y hacerlo apto para embarrarle más cosas, en ese afán desmedido de consumo.
Salvo alguno que otro aguafiestas, bailamos alegremente en torno a nuestros destrozos, tal cual inocentes idiotas que se enternecen con su vida estúpida
Xochimilco D. F., 11 de sep l997

P. D. Si el hombre es hombre entonces no hay por que alarmarse. Si resulta parte del universo, entonces desaparecen el hombre y sus problemas.

11. De los Caminos de la Existencia

Por estas tierras los motores principales de la vida son: *la intensidad, la precisión y el sentimiento* (o lo que es lo mismo: las motivaciones, la inteligencia y...lo demás).

La intensidad nos viene con la herencia genética, la cual se refuerza a lo largo de nuestra vida con la conformación de la personalidad y la conducta.

La precisión es el detalle, el mapa del escenario de la existencia o de sus escenarios posibles. La precisión ocurre con el pensamiento, operada por la conciencia a través del conocimiento. Es lo que llamamos la inteligencia.

El sentimiento es lo que ayuda a decidir por donde corre la existencia. El sentimiento es la interacción de múltiples funciones cerebrales como la intuición, la premonición, la representación y otras poco conocidas o aún desconocidas pero no menos sentidas.

Cada uno de estos tres motores es capaz de dominar la vida de forma independiente, por lo que aislados, suelen aparecer como el espejo de la vida misma o incluso, como la mismísima existencia.

Por ejemplo, cuando alguien se refiere a "la realidad", no habla de sus propias capacidades perceptivas, sino que parte de que todo mundo percibe lo mismo que el (o ella). Acto seguido, es capaz de "demostrar" que lo que el (o ella) percibe es lo real. En ese instante subordina la inteligencia a su instinto y a su formación sicológica, a la vez que pone en segundo plano al sentimiento. De hecho, ni la inteligencia ni el sentimiento dejan de operar, pero cuando la intensidad toma el mando de la vida ella misma pretende ser más inteligente que el pensamiento y más eficiente que el sentimiento.

Un caso más dramático aún lo tenemos en el impulso sexual que llega a dominar la existencia toda. Cuando la intensidad toma el mando, el mundo tiembla, todo se vuelve unidimensional se transita entonces en una sola y única dirección.

Igual ocurre con el pensamiento, que se pretende omnipotente, omnisciente y omnisapiente (aunque sólo sea como aspiración, en perspectiva). Con el pensamiento como rasgo dominante se entra en los azares de la estupidez, del perpetuo tropiezo y el "mañana lo alcanzo". La vida es entonces un cúmulo de propósitos.

Cuando se impone el sentimiento o este ocurre como factor dominante de la vida, el drama es de otra naturaleza, se entra entonces en un mundo obnubilado, se es presa de los azares de un destino fatal.

Los nahuas afirmaban que había que construirse un rostro para no dejar que los instintos dominaran. Hablaban que lo único que valía la pena en esta vida eran los cantos y las flores, de esa manera atajaban al pensamiento. Cultivando la inteligencia y normando su conducta equilibraban al sentimiento puliendo con ello a los tres factores de la existencia.

Debemos a la intensidad la identidad, pese a que la inteligencia se empeña en ser la autora ante la indiferencia del sentimiento. En efecto, pretendemos pasar por la conciencia lo que somos, ahí fijarlo y conservarlo, pero lo único que logramos es alimentar a las conductas instintivas o estereotipadas. La intensidad define quienes somos y lo hace a veces ante nuestro disgusto.

Podemos entrar al estado nihilista más absoluto pero nunca nos abandonarán nuestros instintos o conductas. Aunque hayamos abandonado la gana por la vida, respiramos. Aunque hayamos perdido el hambre sabemos caminar, hablar y mover el cuerpo y en efecto, caminamos en vez de reptar, hablamos en vez de balbucear o gruñir y movemos el cuerpo en vez de inmovilizarlo.

Cuando no sabemos que hacer, el instinto se encarga de darle intensidad a nuestra vida, de fijar la conducta, la norma. Podemos ir contra conductas e instintos, como el caso de las anoréxicas, pero incluso ahí el instinto es referencia: hay que olvidar el hambre.

Cuando conseguimos anular algunos instintos y conductas entramos a la dispersión, a la veleidad de la inteligencia que descubre verdades contradictorias a cada instante o entramos a la fatalidad del destino que nos depara el sentimiento.

La intensidad es el ancla de la vida, es la pasión, la felicidad, el dolor y todo lo que nos hace sentir vivos.

La intensidad es el alfa y el omega de la vida, la argamasa del sentimiento y la inteligencia.

Pero si bien es cierto que la intensidad es punto de llegada y salida, ella sola se diluye, se vacía en un mero impulso. A su vez, tomados por separado, el pensamiento y el sentimiento discurren en la monotonía del cosmos, en la inanidad del todo.

La inteligencia se ocupa del detalle de la vida: de cual camino es el más corto, que cual viga resiste más, de como obtener agua a partir de los elementos que la componen, etc., etc. La inteligencia acorta caminos, es la que aporta los tabiques de las construcciones de la vida, por ello en su delirio suele creer que es la vida misma.

Los filósofos nunca creen en la parcialidad de lo que dicen, sino que pretenden estar construyendo verdades atemporales, aculturales e inhumanas. Los escritos filosóficos llegan a parecerse a colecciones de chistes de mal gusto cuando siempre debieran ser el software de la inteligencia.

El más difícil de tocar de los tres componentes de la vida es quizá el sentimiento, no tanto por complejo sino por olvidado. Es difícil de tocar por su naturaleza tan distinta a la del instinto y a la del pensamiento. Además su dificultad se acentúa por ser producto de la interacción de varias expresiones de la actividad cerebral (intuiciones, representaciones, premoniciones, ideaciones, etc.), lo cual hace más complejo el asunto. De hecho, es tramposo no deslindar esos otros productos cerebrales, pero se tiene tan poca información al respecto que se no hacerse así es imposible decir algo al respecto. No obstante en otros lados toco o tocaré esos pendientes.

El sentimiento es inaprensible e inexpresable por la inteligencia, si bien ésta es capaz de tratar aisladamente (mediante su método intrínseco: el analítico) algunos de sus aspectos. Por consiguiente el sentimiento escapa al lenguaje y entra si acaso en los terrenos del habla (lengua + gestos + manoteos + olores + etc.).

El sentimiento es interacción, desglose, devenir. Es la vida en acto. Para poder "hablar" del sentimiento hay que dejar de utilizar la lengua. Los hechos, el roce humano, el trabajo, la borrachera, la diversión, etc., etc. son los que "hablan" de él. Jose Alfredo Jimenez en su desesperación por retratar al sentimiento en sus canciones decía "como puedo pagar que me quieran a mi y a todas mis canciones..." De hecho nunca lo retrató pero si lo trasmitió.

Aparte del habla, los otros referentes del sentimiento son las artes. Particularmente la poesía y la literatura en general son el referente en el lado de la lengua, como la pintura lo es del lado de la representación. Pero no es necesario instalarse en el arte para entrar a los dominios del sentimiento, basta vivir para estar en él. Vale la referencia porque el arte se ha significado por ser uno de los caminos más fáciles para instalarse en la representación y el ridículo, cuando aquella se hace predominante en la vida a costa del instinto y la inteligencia.

Otro de los elementos que intervienen en el sentimiento, es la premonición, cuya predominancia en la vida nos lleva a la superstición al catastrofismo y finalmente a la estupidez. De forma similar la intuición nos lleva al infierno de la desconfianza y la insidia, y la ideación nos instala en la fatuidad de la existencia.

La intensidad se anida en el cuerpo, el pensamiento en el éter y el sentimiento en la vida. No quiere decir esto que la intensidad y el pensamiento sean ajenos a la vida, al contrario, ellos junto con el sentimiento son la vida. Es sólo que la vida no siente ni piensa.

Hablar de instintos, sensaciones, percepciones o conductas es hablar de un cuerpo material. Hablar de pensamiento es hablar de nada, es el éter reflejado en la materia y el cuerpo. Mientras que la vida sólo lo es en acto, por ello la casa del sentimiento está en el acto, precisamente entre el antes del acto y sus consecuencias. Pero como ello es necesariamente un diferencial, entonces el sentimiento está en la vida.

El cuerpo, la nada y el movimiento (como cosa sola, única), justo la sustancia de la vida, justo la vida misma.

22 de diciembre del 2000

12. La Lucha por el Ser

La posesión de esa vaguedad llamada YO nos involucra en una lucha a veces sin esperanza. En esa lucha está involucrada la mayoría de la gente: la lucha por el ser. De ese batallar se desprende que se llegue a ser solamente un amasijo de carne y huesos o lo que se reconoce ahora como hombre. No es que el hombre DEBA o no DEBA SER, es solamente que SER es una exigencia del mundo moderno.

A lo largo de la existencia uno enfrenta múltiples obstáculos que atentan directamente contra la vida, contra la expresión de lo que se es o puede llegar a ser. Pero la lucha por el ser, es la lucha por excelencia del jodido, del condenado a permanecer como apéndice de lo que sea, no por incompetencia o destino, sino simplemente como contraparte del SER o como su sirviente. El jodido ni puede ser bueno ni puede ser malo, ni bestia ni ángel: simplemente NO ES.

La lucha por el ser corresponde a una moda de hace apenas unos pocos miles de años. Son quizá los sumerios quienes inauguraron el ser. Son ellos al parecer quienes logran construir los primeros circuitos neuronales autoreflexivos que inician eso que se llama conciencia y con ella el YO y el SER moderno. No puede ignorarse que ese suceso corre paralelo con el desarrollo del poder. El poder necesita algo sólido para asirse. Así pues, parece que SER y PODER surgen paralelos.

El ser no aparece en los niños lobo ni parece tener mucha importancia entre gentes consideradas primitivas, tales como los campesinos. En ese sentido, la lucha por el ser es una lucha por entrar en la moda; ya que si se es, se es para algo: para el ser, para el auto, para la fama, el poder o el dinero; ser para el arte, la nada o lo que sea. Se puede ser lo que sea menos no ser.

Los jodidos se presentan de forma dual: como una reserva de entes susceptibles de SER (de formarse de acuerdo a necesidades de quienes SON), o como entes que por no ser, resultan subversivos.

En la primera forma el jodido representa una reserva humana susceptible de ser moldeada o simplemente SER, ejercicio que se aspira se cumpla en el penoso pasaje de la educación oficial o en la simple capacitación.

En la segunda acepción, el jodido resulta subversivo en tanto que a pesar de NO SER, sobrevive, y sobrevive de cualquier modo, hecho insólito para alguien que NO ES. En esa sobrevivencia llega a SER de todo, a la vez que nada ES. De alguna manera se las apaña para mantener la vida y en ese proceso inventa las más variadas formas de SER, a veces tan fugaces como un instante, una hora, un día o una cultura perdida en las inmensidades del olvido (tal cual hacen los indios).

Así pues, la lucha del jodido se despliega en dos vertientes: pugna por entrar a la moda del ser, y por otro lado golpea al ser exhibiendo su carencia de sentido, al desplegar formas más o menos fugaces más o menos duraderas que escapan a la lógica del ser e incluso a toda lógica. La lucha del jodido se mueve entre el ser y el no ser, está atascada en la ajenitud del ser y por tanto del no ser. Lucha por el SER cuando pelea por el DEBER SER y lo hace contra el SER cuando defiende lo que pudo ser y que de ninguna manera puede SER. O sea, En realidad el jodido ni es nadie, ni siquiera NO ES.

Sabemos que la situación de no ser del jodido está presente cuando más ausente del discurso percibimos esa lucha, cuanto el cuerpo sustituye al argumento. Cuando el silencio cede el lugar a las palabras y cuando las actitudes sustituyen a las posiciones. El argumento es peligroso, la indiferencia: letal. La toma de posición fija reglas de confrontación, la actitud, la indiferencia obligada las evade a la vez que diluye el espacio de enfrentamiento.

El jodido se instala en las sobras del ser, en resquicios abandonados del ser, en donde pudo, en donde lo dejaron, a donde se vio reducido o recluido, sea esta una ciudad perdida, un rancho olvidado, un pueblo encumbrado en la selva o la montaña, un manicomio, su propia pendejes o miseria espiritual.

En esos resquicios y por el sólo hecho de conservar la existencia, el jodido desarrolla vidas que se antojan desde inverosímiles hasta absurdas pasando por miserables o pusilánimes. Esas posibilidades, desde la perspectiva del ser se antojan sin ton ni son y ni siquiera son merecedoras de comprensión. Por ello el jodido aparece como de extrema derecha o izquierda. De derecha cuando encubre gobiernos como los del PRI o la derecha francesa. De izquierda cuando impulsa movimientos revolucionarios como los de 1910 en México.

Las grandes luchas actuales se inscriben en ese choque sordo que no produce muertos ni heridos. En ese marco, las luchas parlamentarias y políticas por el poder no son sino parodias grotescas protagonizadas por aquellos que Reich llamó pequeños hombrecitos. SER, ese término hueco, ambiguo, oscuro, carente de asideros que al igual que Dios, cada vez que se llena de algo resulta más vano. Militantes de nada, los jodidos son dinamiteros involuntarios de ese sistema de vanidades en que se ha convertido la modernidad.

Ubicados como terroristas extremos, a los jodidos hay que llenarles la panza de plomo o de comida. Son la conciencia clara de que polvo somos y que de incompetentes trabajamos. Esa conciencia ya empieza a producir los primeros megadelirios demenciales de la época: los de una minoría soberana gobernando sobre el planeta y una mayoría de jodidos renuentes a cooperar muriéndose voluntariamente.

13. El Resentimiento Sutil

Cuando llega el momento del desengaño, cuando pese a nuestras resistencias nos damos cuenta de que la mayoría de la gente que conocemos, nuestros amigos e incluso nuestros seres queridos actúan en base a pequeñas y grandes infamias, entonces estamos instalados ya en el resentimiento.

Siempre postergamos ese momento porque dudamos tener el derecho a arrojar la primera piedra. Nos negamos a reconocer esa evidencia porque tememos equivocarnos. A veces es la cercanía de la amistad o la del ser amado la que nos pone la venda en los ojos. Siempre estamos dispuestos a perdonar u olvidar pequeñas y grandes infamias de la gente que nos rodea, ya sea porque nos parece que nos "deben parecer" cosas sin mucha importancia o porque creemos que debemos impedir a toda costa que cosas sin importancia echen a perder una buena relación, negocio o situación.

Ese momento es el del resentimiento sutil, porque no supimos que ya nos instalamos en él, no nos dimos cuenta que el corazón se nos empezó a gangrenar. El resentimiento se nos cuela de mil maneras y se manifiesta igual.

No hay diques para el resentimiento a menos que podamos localizarlo antes de que se nos vuelva norma de conducta, antes de que lo normalicemos y lo entreveremos en nuestra cotidianidad.

Al instalarse en nosotros el resentimiento no solamente nos hace la vida imposible de sobrellevar, sino que nos hace odiosos a los ojos de los demás. Entonces la vida pierde sustancia. La existencia misma torna sin sentido y el desaliento se desparrama en todas nuestras empresas. ¿Tiene sentido la existencia rodeado de insidias, malos humores, agandalles y todo el catálogo de perversidades que la humanidad ha inventado? Definitivamente no. Solamente un vicioso de la existencia, un santo, un cínico o un loco podrían vivir en esas circunstancias.

El resentimiento es de por si nocivo para la vida, pero el resentimiento sutil es aún más pernicioso, porque nos hace monstruos. El desencanto que sufrimos de la gente nos lleva directamente al egoísmo. Si nada vale la pena, entonces automáticamente se legitiman mis verdades y con ellas mis delirios y mis más execrables furores. Mis delirios tornan caminos legítimos porque si de alguna forma se ha de seguir vivo: ¿Por qué no he de seguir los caminos que mis verdades y voluntades me indican?

Mecánica simple: Si estoy rodeado de culeros entonces es legítimo hacer lo que yo quiera sin tomar en cuenta a los demás.

Una vez instalado el resentimiento sutil, se hace lo que se hace porque se desea o porque divierte, no porque valga la pena para el colectivo o para el individuo o porque forme parte de la existencia. La acción se enajena de la vida del individuo y se instala en su volitividad. La voluntad se yergue soberana por sobre la vida y el ser mismo. El hombre deja de ser circunstancia y devenir y se vuelve pensamiento puro: arbitrariedad y estupidez se confunden. Es quizá ese el momento del nacimiento del tirano, del monstruo de egoísmo y de maldad. De esos monstruos que la historia nos ilustra con profusión yendo desde la ridiculez de Hitler hasta la parsimonia de Fidel Castro, pasando por los visionarios, los genios y los héroes nacionales.

El resentimiento sutil se instala entre el desencanto y la convicción o el ideal, es el resultado lógico de esa convivencia. Es la resistencia del ideal a morir y el freno del desencanto.

Atrás queda la tolerancia y la consideración del otro, ya solamente hay tolerancia y consideración si así lo requieren ideales, proyectos o intenciones propias. El voluntarismo toma entonces carta de naturalización. Atrás queda el otro, la gente y ya solamente existe el delirio.

Nunca la ingenuidad o el descuido han producido situación más nefasta; porque se llega a ser un resentido aún como despropósito, en contra de nuestra voluntad explícita.

El resentimiento sutil obnubila: la contrariedad se percibe como mala fe o como obstáculo a nuestros proyectos o intenciones nunca como otra posibilidad de vida, de despliegue de la vida con pleno derecho a ser.

El obstáculo que el otro nos pone, el ataque que nos hace ya no puede ser visto como una consecuencia natural del choque de dos posibilidades de vida discordantes, se percibe como pura maldad, como mera incongruencia.

El resentimiento sutil da origen a la intolerancia sutil y viceversa, no por nada en nuestra época de narcisos el arrabalerismo de sonrisa fácil ha sentado sus reales como norma de conducta. Quizá no haya los aceleramientos que Baudrillard plantea, quizá solamente sea que el resentimiento sutil ha tornado en la norma de conducta de la contemporaneidad.

El resentimiento es un impulso vital, pero no todo impulso vital pasa por el resentimiento. De hecho el resentimiento es un muy eficaz auxiliar en el desglose de la vida pero no pasa de ser un mero auxiliar, independientemente de que en la pasmosa mayoría de los hombres es el impulso vital primordial.

El principal impulso vital proviene del desglose de la existencia en la cual cada nodo genera sus propias posibilidades de devenir. El impulso vital nacido del resentimiento nada tiene que ver con la vida. Aprender a mirar en nuestro derredor, tal y como lo han enseñado los profetas y quienes se preocuparon por ver más allá, pudiera ser un buen remedio contra el resentimiento sutil.

14. Génesis del Vacío Existencial

E s indudable que el vacío existencial tiene múltiples orígenes que van desde el quiebre de la cultura hasta las afecciones orgánicas. En efecto, con el quiebre de la cultura la vida pierde el sentido que le da el todo organizado. La vida en automático se pierde y se tiene que revisar cada paso que se da. Todo deviene inseguridad y futilidad. La histeria y el resentimiento poco a poco se apoderan del individuo, dejando un sentimiento perenne de torpeza, incomprensión y falta de posibilidades de realización.

La enfermedad, el abuso del tabaco, el alcohol y demás sustancias modernas que engullimos, nos postran en una perenne sensación de miseria físico-espiritual. Con el tabaco se está en un estado continuo de baja energía, en donde el cuerpo más que moverse se arrastra. Los ánimos para vivir suelen entonces venir de pequeños momentos, los cuales son buscados con ahínco y desespero pese a que terminan en el desencanto apenas aparecen.

La cultura tradicional en complicidad con el sistema del capital nos hace padres, hijos, médicos, ciudadanos, etc. para lo cual existe toda una reglamentación y una bolsa de recompensas. Por desgracia la premiación no siempre se cumple; es más, rara vez se cumple. Si la economía anda a la baja, las recompensas se escabullen, si anda a la alza las recompensas inexplicablemente se alejan. El dinero tiende a concentrarse en pocas manos dejando para los demás el consuelo del espectáculo, en el cual la ensoñación impera. Pero el ensueño es débil, casi cualquier orinada lo disipa.

Superados los umbrales de la subsistencia y otros vicios menores del cuerpo, emerge el estatus como rector de la vida y con el nace el vacío. Pero ocurre que no hay estatus para todos, los canales de prestigio se vuelven prácticamente exclusivos de las oligarquías locales y cada vez se tienen que mendingar algunos minutos de celebridad para poder compensar en algo la falta de relevancia individual. Condenados a arrastrarnos por los rincones consolándolos con el Nintendo, la TV y los sueños de Hollywood y los programadores, somos ya incapaces de descubrir que el otro es lo divertido. Carentes de un "Que" y de sus posibilidades de realización, meros apéndices de un sistema de reproducción automática, apenas es normal la presencia del vacío como único compañero de un cuerpo flácido que perdió la capacidad de autoenvenenarse.

Recompensas escabullidas, utopías en plan de fuga o de finales decepcionantes, brújulas extraviadas, cuerpos enfermos o intoxicados se conjugan en un cóctel que da con la vaciedad y el hastío.

Desde la perspectiva orgánica, un cuereo normal no debería de acceder jamás al hastío. Un delicioso adormecimiento debiera ser el dulce preámbulo del desvanecimiento o del fin. Cuando el hastío y la vaciedad aparecen no es por falta de nutrientes, porque tal carencia normalmente es subsanada de mil sabias maneras. La vaciedad más bien deviene por falta de estímulos detonantes de segregaciones de neurotransmisores en los lugares y tiempos precisos, que son precisamente cuando intervienen las sustancias sustitutas. Un neurotransmisor bien aplicado en el proceso de la sinapsis nos mueve a pegar un brinco en el aire, a empuñar la pala y el pico; a amar, odiar, soñar y a todo lo que signifique vida o retozo del cuerpo, pasando por todos esos indescifrables estados como la experiencia interior, el furor, etc. Incluso, existe la enfermedad gozosa y la muerte feliz cuando se sabe que se está a tono con lo que se amó, lo que se gozó y lo que se vivió.

Dios nos hizo terriblemente ordinarios. La entereza de ánimo depende de sutiles cambios que provocan que la energía electro-bio-química corra por las redes neuronales precisas e induzca la inyección exacta de neurotransmisores (acetilcolina, dopamina, etc.) en el lugar apropiado (un músculo cualquiera, el corazón, etc.), justo al tiempo que hacen falta. Entonces el cuerpo se yergue y el sentido de la vida surge espontáneamente como si el mismo Dios nos hubiese iluminado y dotado de la fuerza y la energía necesarias para realizar cualquier tarea y no solo para aquella para la cual la irrigación de neurotransmisores fue la adecuada. Aún cuando se languidece, un estímulo apropiado hace a la languidez parte del individuo, lo que no ocurre con el vacío, que siempre se asume ajeno, salvo por aquellos que han hecho del cáncer del alma todo un oficio.

Ese juego sutil de intercambios electro-bio-químicos es muy frágil, y no existe ni cultura ni sistema que por él solo lo pueda concitar o controlar. Por ello, en el juego de circunstancias que es el cuerpo (y mucho antes de que se inventara la conciencia), este devino con su propia motivación. Ni siquiera la conciencia tiene mucho que hacer en el delicado juego de las motivaciones, ya que llega a entender que el estado energético y anímico óptimo del cuerpo es la sanidad; pese a que ésta es un estado indescifrable. En todo caso ¿es la intoxicación perenne con nicotina un estado normal? ¿en que medida es anormal? ¿qué tiene que ver lo normal con lo sano?

El hastío y la vaciedad atacan lo mismo a normales que a anormales, lo mismo a sanos que a enfermos; de ahí que pueda decirse que desde el punto de vista orgánico tales estados de vacío y hartazgo son producto de una inadecuada motivación.

El delicado equilibrio que requiere la función sináptica evidentemente depende no sólo del aceitado trabajo orgánico, sino de la relación del cuerpo con el medio físico y social. Un medio físico hostil avivará instintos como el de la sobrevivencia, por el contrario, una situación social inhóspita podría inhibir tales instintos, al reducir al individuo a la impotencia. De eso se desprende que la entereza de ánimo varía según la motivación a que pueda acceder cada individuo en un momento dado.

En tal sentido el vacío existencial deviene cuando el sistema es incapaz de provocar secreciones adecuadas que activen mente y cuerpo y cuando el individuo es incompetente para autoestimularse. En ese momento los organismos entran en fase de elemental reproducción biótica, son meros cuerpos bovinos, máquinas funcionando al ritmo que el capital impone. Por ello el sistema aprieta sin ahogar, golpea sin matar (pese a que de cuando en cuando se le pase la mano), apapacha sin desactivar en un juego de premios y castigos que nos mantiene es un estado "neutro" segregando los neurotransmisores apenas necesarios para activarnos; dándonos mantenimiento mediante periodos vacacionales, videogames e internets: APRISIONÁNDONOS EN NUESTRO PROPIO CUERPO, convertido éste en una cárcel miserable, apenas remozada con aerobics, emplastos, drogas, perfumes y "garritas".

15. Casta Existencia Electrónica

Alcancé a darme cuenta de que me volví viejo. Tuve la fortuna de no haber acumulado demasiadas estupideces sobre mis recuerdos, aunque deberé admitir que conservo más indecencias sobre mis hombros que recuerdos en la memoria. Dios fue bueno, me doto de una excelente mala memoria. A ella debo que pueda mirar con cierta calma a la existencia. Poco a poco las pasiones se atenúan, cada vez estoy más muerto. Me inventé amores para reavivar viejas taras de macho, hermosa herencia de mi tierra, pero siempre fui poco tenaz. Alimenté la gana de coleccionar amantes; llegaron a tentarme los planes de hacer alguna doble vida interesante, pero fracasé, siempre adiviné las vulgaridades que me deparaban las casas chicas.

Heme aquí que llegué a viejo y adivino que me muero, aunque todavía no me haya dado cuenta. Quizá me pase lo que a Cioran que nunca cayó en la cuenta que estaba muerto, tuvo la gracia de cabalgar sobre su fin sin siquiera reparar en su agonía. Nietszche, Cioran y Deleuze Alcanzaron la gracia divina ante la muerte.

Envidio el tesón de mi hermano para escudarse en colecciones de orgasmos y de rostros, en ambiciones pequeñas que a nadie dañan y en una imaginación desbocada que emula a aquellos que murieron en gracia. La inocencia de sus mentiras exaspera y enternece, llevan la inocencia a una indecencia cercana a la locura. ¿Por qué no habrían de ser ciertas las mentiras propias si terminamos viviendo de acuerdo con las mentiras de otros? Nunca ha dejado de maravillarme que no lo haya hastiado el sexo. Ojalá la vida no le sorprenda como lo hizo con aquel poderoso profesor rural de la época de los dinosaurios, que al final de su existencia le dio por cambiar de sexo. Morir aferrado a un sexo oscila entre la hazaña y la tontera.

Se termina mendigando una pequeña sensación, en la oreja, en el pene, en la panza y aún en los intestinos. El colmo ha llegado con la puñeta pura del nintendo, la televisión y el internet. Ya ni siquiera manipulamos la carne, ni siquiera esperamos a la noche con sus sueños, la estupidez tornó obsoleta con todo y ser nuestro mejor surtidor de desgracias y ensueños: del aparato a la neurona: proceso directo que nos robó el derecho a ser pendejos, que nos convirtió en bobinos más o menos calmos, más o menos agresivos. Ahora sé que añoro a aquellos que me causaban pavor con su barbarie, sus traumas y su violencia. El proceso Aparato-ojo-neorona, dejó obsoleto al cuerpo. Solo el orgasmo y el gusto (para quienes lo conservan) compiten con la estimulación neuronal directa.

Meras reses marihuanas dependemos de alucinógenos para sentir la vida. Los tiempos han cambiado, la vida se devaluó al convertirla en un chip animado con polvo de ángel o canabis. Por doquier saltan los genios de la robótica inventando nuevas bebidas, nuevos juegos y nuevas formas de hacer que la vida sea auténticamente un sueño. Al volverse todo sueño, la vida se separó del sueño, el hombre ya solamente es sueño; nada queda del hombre como parte de su medio. Su cuerpo permanece atrapado en los cosméticos, las vitaminas, los jeans y los estímulos directos. El espíritu y el sueño ya son menos que una ilusión. El hombre es sueño electrónico, ya no cuenta con su cuerpo para masturbarlo, flagelarlo, o arrastrarlo por la vida. La ficción se hizo materia.

Hombre y cuerpo se separaron, el cuerpo pertenece ahora a la ganancia del capital. El hombre es lo que queda de los sueños que alguna vez tuvimos, quedó como concepto, como mera ilusión. Uno que otro nostálgico, perdido en las neuronas de sus taras, llega a intentar vivir de acuerdo a lo que fue el humano de otros tiempos, nostalgias que se pagan caras, por más que signifiquen el ahorro de estimulantes y alucinógenos. Hombres de nuestro tiempo, estamos condenados a vivir como tales.

Santos incomprendidos quienes se empecinan en mantener en la miseria y la ignominia a los indios y a los pobres de los campos, de las ciudades y de toda caverna habitada en estos rincones de asfalto y mugre robados al planeta. Santos por sus actos, pretenden universalizar la estimulación barata del hambre, la miseria y las amenazas a la vida. Definitivamente el hambre es mucho más barata que la cocaína, que la marihuana y que cualquier solvente. Hambre es todo lo que se necesita para llevar una vida medianamente entretenida. No obstante, nos escandalizamos ante la incomprendida bondad de los nuevos césares, rescoldos de tiempos en que se soñaba con salvar a algún borracho. Pero he ahí que los miserables, indios y pobres de toda laya ya han entrado al juego de ofrecer el cuerpo al capital y los sueños al nintendo y a los solventes (en sustitución de otros agentes destinados a los amos del imperio), aunque mayoría lo hace tan solo por mirar de cerca al circo.

Calderón de la Barca no lo hubiera imaginado. Netzahualcoyotl dejaría de pensar en los cantos y las flores si viese que solamente sobrevivieron las futilidades más vulgares. Hemos tornado reses fútiles, perdidas en el cableado de nuestro cerebro. Ni el más pirado de los desapegados a la vida lo hubiera imaginado. La vida es el sueño que se sueña.

Ni siquiera hay modo de escapar: vivir es estúpido; matarse, el peor ejercicio de futilidad. Todo ser humano está de más: no hay un solo Dios al que le haga falta. Más de seis mil millones de absurdos pululamos por la tierra, mendigando un boleto de entrada a ese extraño teatro en el que todo está de más.

Llega a inundar de esperanza al observar algunos rostros trogloditas: alimentan la esperanza de estar ante un antropoide que dé inicio a otro experimento. Pronto se verifica que aquel rostro es la ausencia de masa gris, que aquello es un chip subproducto de nuestros pueblos añorantes de aventuras magnéticas y de vidas electrónicas. Ya ni siquiera queda el hilillo de la esperanza de que al interrumpirse la corriente eléctrica, surja algún nuevo neandertal.

Pero somos hombres producto de nuestro tiempo, por tanto, estamos obligados a albergar el anhelo de que quizá un nuevo comienzo no sea el reinicio de nuevas colecciones de idioteces.

Mayo del 02

16. El Ser y el Espectáculo

- Se hablaba de revolución porque el modo de producción industrial dominaba toda la vida y por tanto todo debía ser revolucionario. Ahora que la revolución enseñó su carácter reaccionario, ahora que ha pasado de moda, ahora es que hay que hacer la revolución callada, del tipo que nos enseñó Gandy.

- Hoy todo es actuación, de ahí las generaciones "X", las apatías, las indiferencias. Todo es actuado, cada quien busca su lugar en el gran espectáculo. Ya no es necesario el cambio perpetuo pese a que por inercia el cambio se de. Ahora basta con saber la parte del papel que se tiene en la obra.

- No se actúa por perversidad o por algún afán de fingir. Es solamente un modo de ser, una conducta colectiva de la modernidad. ¿De que manera apaciguar la ansiedad de sentir la ligereza de lo sustancioso? Imposible resultar indiferente ante la vista de un desierto poblado por esa suerte de enrarecimiento de la raza que puebla el planeta. Ante el desconcierto el nihilismo resulta impracticable.

- Se juzga con criterios pertenecientes a otras épocas, pero en todo caso, la gran tarea es darnos cuenta de que todo es un espectáculo.

- Procedemos así porque nos hacemos de algún modo de aprehensión en virtud de lo limitada que resulta nuestra capacidad de procesamiento de información. Antes se jugó al amo, al Dios o al cambio perpetuo como ahora se juega al espectáculo.

- Nos formamos referentes de realidad para poder circular por la vida. Una vez creados esos referentes de realidad, nos resulta imposible deshacernos de ellos. Lo normal es enredarnos en la telaraña de las redes neuronales que nos resultaron de tropezar con la vida.

- Nuestros referentes todo lo permean, son el tamiz por donde pasan todas nuestras percepciones y el punto de comparación bueno para todo.

- Cuando no contamos con el mismo referente de realidad que los demás, simplemente nos volvemos lo otro, el otro, el virtualmente inexistente. Ni percibimos ni somos percibidos. Deambulamos torpemente por la vida, perplejos, sin saber que decir, como comportarnos o como actuar ante las cosas más insignificantes de la vida. Nos Pasa lo que a los indígenas recién llegados a las ciudades.

- Cuando no compartimos los mismos referentes resultamos ofensivos, estorbosos e incómodos para los otros. Somos entonces una verdadera peste.

- Cuando pasamos por genios, resulta que tenemos algunos referentes de más para juzgar a la realidad y para vivirla. Pero seguimos siendo lastimeramente limitados.

ARTE Y DISEÑO DESDE LA PERSPECTIVA DEL OTRO

17. El Arte Como Posibilidad y Como Creatividad

El arte tal y como aparece en la moderna sociedad, parece contagiado de las mismas orientaciones que guían a la economía: su creatividad se concibe como asintótica y su posibilidad de desglose infinita. No hay arte sin creatividad. La creatividad debe ser basta, exuberante y orgiástica. Imperan los lineamientos de la producción industrial: continuamente deben generarse más formas, más ideas, conceptos, texturas, sonidos, ritmos, metáforas, imágenes, etc. en una línea de producción ininterrumpida. Si un estilo logra resonancia, la consigna es explotarlo, exprimirlo, importa poco si revienta: se debe producir mucho, generar infinitas variaciones de lo mismo.

Esa forma de asunción de los productos del arte se asemeja a la producción de mercancías en donde priva la variedad, la novedad que venda, que abra nuevos mercados o que amplíe los existentes, que estimule el consumo para que finalmente el capital crezca.

Es curioso ver que en las llamadas sociedades primitivas el arte tiende a estereotiparse pese a que también se da la creatividad y la emergencia de nuevas propuestas. En estos casos no existe una idea de arte como producción asintótica. Evidentemente en estas sociedades el arte no discurre separado de la sociedad, no es una parcela de esta sino una actividad más de la sociedad, actividad que discurre integrada a la religiosidad, a los ciclos económicos, etc.

La producción artística en nuestras modernas sociedades supone la estimulaci6n de las subjetividades individuales, mientras que en las primitivas lo que priva es el estímulo de la colectividad. En estas sociedades el artista es a la vez labriego, miembro activo de una familia extensa (con las obligaciones que ello supone) y puede ser autoridad civil o religiosa a la vez que gestor y, en suma, un individuo más, común y corriente dentro de su comunidad (lo cual implica que tiene una dotación de habilidades más o menos equiparables con las de cualquier individuo de su sociedad, y con más o menos las mismas posibilidades que cualquier otro de destacar en base a tales habilidades).

La parcelación de los haceres en nuestra sociedad condena a padecer un infierno al artista, lo obliga a sumergirse en su otredad como única vía para ser original y creativo. Sumido en su yo, el artista padece el extremo de sus sensaciones, conceptos, percepciones y todo aquello que lo separa de su sociedad y que tiene que cultivar si es que aspira a la originalidad.

Nuestros artistas tempranamente captan su triste destino y la mayoría de ellos se preparan para una vida atípica que puede ir de la bohemia al abandono. Su destino se asume como un apostolado en donde el padecer es lo normal. Lo mismo le sucede al filósofo y a todo creativo: Se tiene que salir de la sociedad para poder vivir en ella. Esa contradicci6n lacerante es el real estigma de nuestros artistas.

¿Pero de donde ha salido esa noción de infinitud de la posibilidad del arte? Evidentemente de la lógica económica que priva en el capital. La lógica de la productividad como base de la ganancia es al parecer la responsable de la prostitución del arte. Pero más allá de la economía, nace del pensamiento, el cual se caracteriza por la infinita posibilidad de combinación de algunos de los elementos que incorpora (y que son de naturaleza distinta a él tales como la intuición, la ideación, la representación, etc.). El pensamiento establece ligas arbitrarias necesariamente asignificativas, lo cual de suyo le abre posibilidades de combinación infinitas. Esa posibilidad crea una ilusión: la posibilidad de creación es infinita, y si lo es para todo, también lo es para el arte.

Al cierre de cada época histórica nos damos cuenta que hemos estado dando vueltas en círculos y que en realidad las "infinitas" posibilidades de desarrollo no han sido sino variaciones (o repeticiones más o menos disfrazadas) de lo mismo y que en tal virtud terminan por hastiarnos. Cada nueva época nos muestra hasta el cansancio lo limitado que resultan esas que llamamos nuevas formas de significación, de composición, etc.

Tal parece pues que creatividad y posibilidad del arte no son sino otras tantas formas de comercialización de nuestra época. Lo trágico es que el artista no puede escapar a ello, por la sencilla razón de que a diferencia del primitivo, no tiene comunidad a que acogerse, salvo las pequeñas sectas de "iluminados" que suelen ser rumiaderos de resentimientos.

Ante este oscuro panorama, el artista-hombre podría ser una alternativa para el arte. El abandono de las sectas a cambio de la fusión con su sociedad parece ser un buen camino para el artista. El arte tendría entonces un nuevo cauce: el que le marque el hacer colectivo del grupo que lo ejerza. Sin embargo, hay malas noticias, aún hay que inventar esa sociedad o favorecer la emergencia de tendencias que la inauguren. Pero no todo son malas nuevas, quedan las alternativas del azar y del deseo.

Nov del 2000

18. Arte y Diseño

Cuando me propuse escribir una breve reflexión sobre el arte y el diseño gráfico, nunca pensé en las serias complicaciones que el tema conlleva y que van desde la distinción necesaria entre el arte propiamente dicho y el diseño gráfico como disciplina (que en ocasiones linda con aquel), hasta la discusión del origen (gestación) de ambos, lo cual pasa necesariamente por aspectos espinosos como lo político, lo social y lo subjetivo entre otros.

La relación entre arte y diseño gráfico pasa por la elucidación de sus contactos y sus diferencias para (en este caso) establecer la especificidad del diseño. Dicha relación comprende también una discusión acerca de los ámbitos de despliegue del arte y del diseño, de la perspectiva estética que se desprende de la especificidad de los mismos, de su alcance tanto en el plano real como en el subjetivo con su respectiva problematización (del tipo: ¿qué es lo real?, ¿está o surge?, ¿emerge o deviene?, etc.). En fin, como puede apreciarse, el mapa de las relaciones entre el arte y el diseño gráfico da para mucho más que un artículo e incluso, de la discusión de unas pocas de esas relaciones puede resultar más de un libro.

El panorama planteado parece embrollado, ello es debido a que se parte de una hipótesis atrevida: el diseño gráfico puede entenderse como un "arte mayor", un arte de nuevo tipo, un arte colectivo que involucra directamente a la sociedad que lo produce, en el tiempo que lo genera. Dicha hipótesis supone una concepción de arte que se sumerge en nuestras modernas sociedades en que la comunicación masiva es un sello distintivo. En ese marco, las líneas siguientes son sólo algunos apuntes que buscan iniciar una discusión/reflexión en torno al tema y que eventualmente pueden ser el germen de una investigación mayor.

El diseño gráfico como "arte mayor" no se entiende como arte en el sentido tradicional. Como "arte mayor" no es superior al arte tradicional ni es mejor. Si bien es cierto que en varios aspectos el diseño parece superar al arte tradicional, tal apreciación es una mera implicación ideológica. En realidad el diseño es otra cosa muy distinta al arte tradicional: es el arte de nuestro tiempo, el arte posmoderno por excelencia. En rigor, no es el arte contemporáneo (el que se hace hoy, en este tiempo), sino el arte que corresponde al nuevo estatuto tecnológico, a las nuevas formas de comunicación, el arte propio de esta época caracterizada por sus movimientos contradictorios de globalización-tribalización. Por un lado la globalización es una realidad cada vez más acabada, por otra parte, surgen con ímpetu inusitado los nacionalismos (noción básica para el diseño gráfico que en otra ocasión se tratará).

En el sentido expuesto, llamaré "arte tradicional" a lo que todos conocemos como arte, y al diseño gráfico: "diseño". Cabe la distinción para conservar la idea del diseño como un arte de naturaleza diferente al arte tradicional. No se trata de "dignificar" al diseño emparentándolo con el arte tradicional, ni sobrevaluarlo ya que acabaría por ridiculizarlo. La idea va más allá: se trata de destacar al diseño como potencial de comunicación humana, ajeno a la coerción del poder, en donde la creación colectiva es la que trasciende. Desde la perspectiva del diseño, conviene más destacar sus diferencias con el arte tradicional que sus coincidencias. Éstas, por su evidencia, suelen dar pie a largas discusiones. Así pues, por su gestación el arte tradicional es fundamentalmente una manifestación individual, mientras que el diseño parte fundamentalmente de una perspectiva colectiva.

En rigor, todo hombre es hijo de su tiempo, lo cual significa que antes que creación individual, toda obra (de cualquier individuo) es inicialmente creación colectiva, creación de su tiempo. Esto es, todo individuo solamente cobra sentido como hombre si es un producto social (si no es así, se está ante lo que se quiera, menos ante un hombre). Todo hombre en cuanto tal produce y reproduce a su sociedad con sus actos y con sus obras; al menos en la misma medida en que esas obras y esos actos puedan producir efectos discordantes con esa sociedad. Ciertamente que entre los artistas se da el hecho de que discurren entre la "realidad real" y su "realidad subjetiva" o realidad particular. Es decir, el sustrato de la obra de un artista tradicional y el de un diseñador es el mismo: es ante todo una creación colectiva.

Ahora bien, a partir de esa significación colectiva el artista tradicional se enconcha en su subjetividad, en su manera particular de entender tal significación. Así, el arte tradicional aparece como una significación colectiva curvada, atípica, vista al trasluz de la historia particular de cada autor. De hecho, la significación colectiva como tal puede (o suele) no aparecer, pues se expresa de manera atípica, transformada, de tal manera que resulta irreconocible o, en el mejor de los casos, poco identificable. Por ello la realidad del artista tradicional no corresponde necesariamente con la "realidad real". La obra de arte tradicional es más valiosa como expresión de una subjetividad particular que como expresión de una subjetividad colectiva (necesariamente subyacente en ella).

Pese a que se habla de genios que se adelantaron a su tiempo o se ubicaron fuera de su época, en realidad estamos ante hombres que expresaron particularidades de su tiempo, mismas que estaban fuera de las corrientes principales de expresión de ese tiempo, razón por la cual fueron ignoradas y rescatadas a posteriori (cuando así sucedió).

Por su parte, el diseño gráfico es una expresión de la subjetividad colectiva, y ahí radica su mayor valor y potencial. El diseñador aunque también se expresa a partir de su subjetividad (misma que finalmente impregna su obra al igual que el artista tradicional), su principal tarea es buscar puntos de contacto con el resto de sus congéneres. Es decir, busca la intercomunicación humana a la vez que intenta expresarla a la manera del arte.

Es innegable que la subjetividad de cada individuo distorsiona las visiones colectivas de las que parte. Tal distorsión será la base de la originalidad y la creatividad (tema pendiente de tratar). No obstante esa distorsión, el diseñador intenta comunicar, tiene la voluntad de comunicar; el sentido de su hacer es comunicar. Es cierto que el diseñador (quiéralo o no) también plasma su subjetividad en su obra, pero tal subjetividad solamente cobra sentido en el marco de la comunicación humana. La obra del diseñador no pierde su sello personal por comunicar, ni es ajena al colectivo por estar impregnada de su subjetividad. Así como el artista tradicional impregna de significaciones colectivas a su obra, el diseñador impregna de subjetividad a las suyas.

Entonces, mientras que el arte tradicional tiende a enroncharse, el diseño propende a expandirse dentro de los límites de su sociedad. Mientras que el arte tradicional es creación para entendidos (por más que los murales sean intentos de creación para las masas), el diseño lo es para todos (afirmación polémica que sin embargo es corolario de lo hasta aquí expuesto. En todo caso es tema adicional de discusión que aquí no se tocará).

El diseño crea y recrea las significaciones colectivas, el arte tradicional crea y recrea significaciones particulares. El arte del diseño se apoya principalmente en la subjetividad colectiva, el tradicional, en la subjetividad particular.

Lo que conocemos como arte en esta época está estrechamente ligado al poder. En los hechos el poder da y quita el título de arte y solamente desde una perspectiva ñoña se pretende endosar el adjetivo "arte" a lo que por su naturaleza es otra cosa (artesanías, música popular, etc.). En controversia con Deleuze, el arte no se sostiene solo, se sostiene gracias al hombre y este se sostiene gracias a sus propias definiciones.

La segunda gran diferencia entre el arte y el diseño estriba en el potencial de éste. El arte tradicional intenta expresar una subjetividad se entienda o no, se capte o no se capte. Por su parte la obra producto del diseño siempre aspira a ser entendida, captada.

El diseño al inscribirse en la comunicación interhumana amplía la capacidad de comunicación del hombre al valerse de medios que exceden a la palabra (la palabra naturalmente limita la comunicación al inscribirse en los dominios de la lengua. Sólo cuando la palabra se inserta en el habla se libera. Es cuando su significación se enriquece y amplia las posibilidades de comunicación. Así como la lengua es sujeción, el habla es liberación).

El diseñador se vale de múltiples medios en su tarea de comunicación (color, forma, textura, lengua, etc.) y es esa posibilidad múltiple encaminada a comunicar, lo que imprime un potencial extraordinario al diseño. El arte tradicional a lo más que llegó fue al cine (que no es poca cosa), en donde una multitud pasiva admira las capacidades de un director y su equipo. Por su parte, el diseño es el punto de contacto colectivo, el punto de confluencia de subjetividades.

Desgraciadamente gran parte del diseño sigue los pasos del cine. Lo que es peor, el diseño mercenario solamente aspira a vender, ser un apéndice de cualquier publicista que pague "bien". Pero el diseño mercenario no es todo el diseño, tal cual el arte elitista no es todo el arte.

Por su propia naturaleza el arte tradicional no ha podido desprenderse del poder. Su acepción sensiblera lo ha llevado a la corrupción, de tal manera que expresa más al individualismo burgués que la sensibilidad humana. El diseño es joven y aunque ha nacido de la necesidad mercantil y madurado en ella, puede retomar el camino que el arte perdió: ser expresión humana antes que del poder, ser la acción de un pueblo antes que su autocontemplación. El arte por individualista terminó por ser contemplativo, el diseño por interactivo se corresponde más con la acción que con la contemplación

2000-10-21

19. Dibujo, Arte y Trascendencia

EXPRESIÓN, DIBUJO Y TRASCENDENCIA

Al arte se entra y se sale. Una permanencia indefinida en el arte equivale a la locura. El arte es una estación de paso, una puerta de entrada o salida al cosmos. Es a su vez, el cosmos, la trascendencia total, el universo en movimiento, el alfa y el omega.

Se trasciende cuando se está en lo mismo mas lo otro. Trascender no es dejar atrás, es fundir el atrás al resto. Nos damos cuenta de lo que hemos trascendido cuando podemos ver con benevolencia los furores, los delirios y todo lo que como humanos somos capaces de hacer en torno a lo trascendido.

Trascender a la bestia, tal parece ser la misión suprema del hombre. La creación da la impresión de haberlo logrado, solamente el hombre ha quedado a la zaga. Fuimos de los últimos en llegar, de las últimas bestias en aparecer en el planeta y la única que queda. No hemos podido vencer la sustancial indiferencia del reino animal y la definitiva apatía para con nosotros del reino vegetal. La tarea es grande: cantar la melodía del viento enredándose entre el follaje, cantarle a la luna en ululantes noches.

Decía E. Cioran[6] que a los occidentales les había faltado tiempo para acumular más mugre, para batirse en el lodo, nosotros no hemos sido tan malos imitadores. De forma precoz renegamos de todos nuestros milenios de humanidad para hundirnos en la barbarie de la civilización.

Perdimos las puertas de entrada al cosmos, el poder aliado a las fuerzas más oscuras de la humanidad logró alucinarnos. Y construimos mundos demenciales, ciudades que inexplicablemente fueron abandonadas, reinos efímeros que nunca pasaron de ambicionar mil años de existencia.

Perdidos en un brazo externo de la vía Láctea no hemos sabido mirar las puertas que teníamos enfrente: alucinamos con el arte y lo pervertimos: lo vendimos a mecenas, lo hipotecamos en las becas, lo recluimos en museos, lo atrapamos en corrientes y finalmente lo vendimos caro (cuando se pudo).

Al dibujo lo hicimos publicitario y se vendió bien. El dibujo expresaba pero nosotros insistimos en que debía comunicar: lo reducimos a lo efímero, a una sola de sus propiedades. Por él mismo, el dibujo expresa, por ello es puerta ancestral de entrada al cosmos. El dibujo trasciende la mera comunicación, muestra múltiples ligas del hombre con su dibujo, con los materiales que utilizó y con los que no quiso usar, con lo que se negó a salir del lápiz y con lo que finalmente brotó; evidencia su educación, su historia, así sea mostrada tan sólo en jirones inasibles mediante el lenguaje. El dibujo con tan sólo brotar se acomoda al cosmos: se pliega, despliega y repliega en un solo movimiento perpetuo.

Expresar: tal es la misión del dibujo.

PERCEPCIÓN

Las sensaciones externas y las propioceptivas son las que conectan al hombre con su entorno, las interoceptivas funcionan dentro del mantenimiento vegetativo corporal, aunque ciertamente al combinarse interoceptivas con exteroceptivas y propioceptivas producen efectos cinestésicos con valor de percepción. Esto es, aunque algunas sensaciones son de orden vegetativo, al combinarse con otras de orden distinto se transforman dramáticamente. Por ejemplo la sensación que llamamos hambre no es otra cosa que una sensación interoceptiva expresada en un término (hambre) que implica

---

6 Cioran, Emile. La caída en el tiempo. LAIA-Monte Ávila Editores. Barcelona 1988.

todo un desarrollo imaginario que involucra al resto de los sentidos. Por tal razón ninguna sensación puede quedar fuera del fenómeno de la percepción.

Nuestra sensibilidad ocurre en un marco limitado: solamente registramos sensaciones auditivas entre 20 y 20mil osc/seg, las luminosas las registramos si suceden en un rango de longitud de onda de 0.008 a 0.004 mm y una frecuencia de 4 a 8 x 10 a la 14ª potencia de osc/seg (entre los colores rojo y magenta). En el gusto registramos sensaciones saladas, dulces, ácidas o amargas. No obstante esas limitaciones, el mundo de la percepción se hace muy rico al combinarse las sensaciones. Dicho mundo se enriquece aún más si consideramos que las sensaciones no son procesos pasivos, sino que ellas mismas ocurren como procesos que activan la acción receptora.

La psicología registra otro tipo de sensaciones además de las clásicas cinco: las ínter modales y las inespecíficas. Dentro de las primeras tenemos la sensibilidad vibratoria y las sensibilidades mixtas situadas entre las olfativas, acústicas o visuales (que son las que nos permiten "oler colores", "saborear olores", etc.). Dentro de las segundas están la fotosensibilidad de la piel y el sentido de la distancia que utilizan los ciegos.

Las sensaciones no suceden aisladas, sino que ocurren en la interacción. Por ejemplo, la vista interactúa con el gusto y el olfato a la hora de comer. Con ello ocurre lo que llamamos el fenómeno de la cinestesia. Esto es, los sentidos pueden actuar juntos originando nuevas sensaciones, que por su naturaleza no corresponden a la simple suma de las sensaciones aliadas sino que inauguran una nueva sensación y abren la puerta a nuevas percepciones. Queda claro que el mundo de las sensaciones es basto y que cada posibilidad de juego de sensaciones abre mundos impensados de percepción.

Las sensaciones son el marco de la percepción, pero no percibimos todo lo que sentimos y, a su vez, no sentimos todo lo que percibimos: un claro ejemplo de ello nos lo proporciona la sicología de la gestalt.

Se pueden tener sensaciones de múltiples ruidos sin percibirlos. A la inversa, mucha gente puede percibir fantasmas entre las sombras por el mero efecto de completitud del que habla la gestalt.

La percepción entraña una compleja elaboración que destaca ciertos rasgos e inhibe otros de acuerdo a la conciencia y desarrollo histórico del preceptor. De esa manera cada individuo elabora un menú particular de percepción que es único, tal como lo es la huella digital. En ese marco de variedad humana no deja de resultar sorprendente la homogenización que actualmente se practica. Tal fenómeno sólo es concebible en un marco de estupidización generalizada.

En primer lugar el hombre percibe de acuerdo a su estructura neuronal particular, en segundo lugar percibe de acuerdo a su propia experiencia, en tercer lugar percibe de acuerdo a la experiencia de su sociedad.

La estructura neuronal se conforma de "circuitos neuronales" heredados tales como los instintos y de "circuitos" construidos a lo largo de la vida. Así pues, la experiencia de vida de cada individuo se refleja orgánicamente, por ello somos lo que podemos ser, de acuerdo a nuestros circuitos y una vez construidos estos, es en extremo difícil cambiarlo (los pequeños y grandes tiranos de la historia bien que se sabían esto). La interacción sistema nervioso- individuo-sociedad condiciona lo que somos capaces de percibir.

Una sociedad limitada producirá individuos limitados con circuitos neuronales limitados con una obvia percepción empobrecida. En nuestro tiempo se promueve de mil maneras la bestialización: al parecer la idea es reducirnos a los instintos más primarios, que son los que predominan cuando llega el hambre, cuando nuestra seguridad se ve amenazada.

Cada individuo percibe únicamente lo que su historia personal le permite percibir y ello no es una limitación individual sino una forma histórica de percepción. Ejemplo de lo anterior lo constituye el individuo que el capital ha forjado definido por la avidez, la frustración y el conformismo generalizado[7]: sustantivado en el narciso que nos describe Lipovetsky[8]. También sirve como ejemplo el campesino que se mueve en un tiempo estático, que no percibe las urgencias del capital para crear mercancías, que no requiere de esa actualización burguesa que es la "creatividad", la cual nos ha puesto a todos al nivel de las gallinas.

Cabe aclarar que la creatividad es consustancial al hombre. En el despliegue de la vida la creatividad no tiene sentido porque la vida misma es "creatividad", sin esta no es posible aquella. Separar la creatividad de la vida, del acto mismo, es una mera operación para enajenar los productos de la vida, para que estos se separen del que los creó y del pueblo que los hizo posibles.

Hablar de un acto creativo es una redundancia, sin embargo la distinción conviene al poder porque le facilita la expropiación de lo creado. La creatividad como hecho y como concepto ha ido de la mano del hombre desde tiempos inmemoriales al lado de muchas otras características humanas, pero surge al primer plano cuando el capital la requiere para que se produzcan mercancías; entonces sucede una doble degradación: por una parte lo creado se separa de la vida del "creativo", se enajena y se incorpora al mercado, y por otra lo creativo solamente se considera así si cumple las normas del mercado, si fue hecho para el mercado.

ENTENDIMIENTO

El cosmos es basto, sus hijos también lo son. Potencialmente captamos todo, nos comportamos como una grabadora abierta; pero solamente percibimos una ínfima parte de lo captado. Desde nuestra más tierna infancia, impunemente se nos inicia en el camino de la degradación: entonces nos volvemos selectivos, aprendemos a recortar nuestras percepciones para sumirnos en un pequeño mundo. Nada de trucos para superar las naturales limitaciones del cerebro. Pese a esas limitaciones alzamos vallas y vallas de mas limitantes hasta quedar debajo de las bestias. Ante tales estragos resulta milagroso caminar y masticar chicle al mismo tiempo.

La ciencia dura nos ha proveído de un cerebro dual: un hemisferio derecho y un izquierdo: uno altamente perceptivo y otro procesual. El cerebro es capaz de muchas cosas: entre ellas generar eso que llamamos espíritu. Evidentemente el cerebro izquierdo es también "sensible" como el derecho "procesual", pero aquí utilizaremos las referencias "sensible" y "procesual" como funciones predominantes en uno u otro cerebro.

No siempre utilizamos igual la parte derecha que la izquierda. Entre más inteligentes más utilizamos la parte izquierda, entre más sensibles más nos cargamos a la derecha. Dependiendo de los privilegios que tengan las funciones sensibles o inteligibles vamos a producir lo siguiente de acuerdo al hemisferio dominante:

CEREBRO IZQUIERDO	CEREBRO DERECHO
PENSADORES	*ARTISTAS*
INTELIGENCIA	*INTUICIÓN*
IDEACIÓN-ACCIÓN	*IDEACIÓN-ACCIÓN*
EXTRAVÍO	*LOCURA*
CIENCIA	*REPRESENTACIONES*
REFLEXIÓN	*LUCIDEZ*

---

[7] Castoriadis, Cornelius, Nota aparecida en el suplemento "la Jornada semanal" del Diario "La Jornada", México, febrero 25 de 1989.

[8] Lipovetsky, Pilles, La era del vacío, ed. Anagrama, Barcelona 1996.

	PREMONICIÓN
	VIVENCIALDAD

En rigor, el hemisferio derecho hace lo mismo que el izquierdo, pero a una mayor velocidad y con un paquete mayor de variables. La virtud del hemisferio izquierdo del cerebro es la de relacionar variables de mil maneras y someterlas al filtro del lenguaje. El derecho, haciendo lo mismo brinca el filtro del lenguaje lo que le da una mayor posibilidad de despliegue y capacidad de procesamiento, creando un fenómeno de naturaleza distinta a lo que sucede en el cerebro izquierdo. Al no tener la limitación del lenguaje, el cerebro derecho puede ampliar enormemente el número de variables que maneja, lo cual hace que el lenguaje (cualquiera, sea musical, matemático, etc.) le resulte insuficiente para expresarse. Un hecho tan elemental como hacer el amor prescinde casi en su totalidad del lenguaje. En tal caso, el lenguaje es utilizado para lo vago, lo insustancial. Ahí la comunicación se trasciende y se llega a la fusión plena, absoluta y total: pareja-cosmos son entonces uno: Dios en nosotros.

No quiere decir lo anterior que una parte del cerebro sea superior a la otra o que realizando procesos sustancialmente similares sean lo mismo. Cerebro izquierdo y cerebro derecho son de naturaleza distinta y producen fenómenos distintos en naturaleza y no sólo en grado. Es por ello que cuando se privilegia el uso de uno solo de los hemisferios cerebrales o de una sola de sus funciones se cae fácilmente en la estupidez, lo que comúnmente pasa con el filósofo y el artista.

El pensamiento es el hijo más pobre del cerebro. La ciencia, la hija miserable: apenas balbucea las modas más simples de la historia. El pensador es entonces el más humilde de los humanos, porque al igual que el asno solamente sirve para realizar una tarea simple: la de relacionar arbitrariamente diversos productos del espíritu en el campo limitado del lenguaje. Calicles interrumpía su reflexión ante la incomprensión de Sócrates: no valía la pena platicar con necios. Más que discutir o pensar, habríamos de dejar paso a la Charla o a la reflexión, dejar caer una a una las palabras para que se asimilen al aire, al hombre, para que corran con el viento, para que cuelguen de algún lugar del tiempo y se disuelvan en la delicia de su propio éxtasis.

Netzahualcoyotl dejó clara la preeminencia de los cantos y las flores, los llamados Irritilas y otros pueblos se limitaron a disolverse en su origen. Trabajamos con una ínfima parte de las sensaciones que captamos, nuestra tarea es abrir la posibilidad de trabajar con todo lo que no percibimos y que ahí está. Ampliando nuestras posibilidades de percepción nuestro entendimiento cambiará y con él nuestra relación con los otros, con el medio y con el resto de la creación.

Pero nunca se podrá discurrir sobre el cambio. Este mismo discurso es estrictamente indicativo, reflexivo, olisquea en algunas intuiciones y, en estricto rigor, no aspira a la comprensión si esta sucede en la lengua. Antes bien se pretende al menos rescatar del cerebro izquierdo la reflexión y la lucidez del derecho. Aspira a moverse en los terrenos del habla antes que de la lengua, más en la vivencialidad que en el arte. El dibujo debería ser una de las claves para trascender al lenguaje. El dibujo mismo no puede ser un lenguaje, en el momento en que lo es, en que se convierte en un código, limita sus propiedades expresivas.

De ahí la importancia del dibujo como puerta de entrada: decía el cristo: "quien tenga ojos para ver que vea, quien tenga oídos para oír que oiga".

DIBUJO Y EIDETISMO

Cuando hablamos de imaginar normalmente nos referimos a la imagen eidética que refieren los sicólogos: algo parecido a la reproducción de una fotografía. Sin embargo la propia imagen eidética no es sino la expresión más simple de un fenómeno más amplio que podemos nominar como REPRESENTACIÓN, que no es otra cosa que una más de las funciones del cerebro derecho.

En primer lugar la representación va más allá de la comprensión y el entendimiento, sucede en la interacción como la forma natural de relación entre cosas, seres y "objetos" insustanciales.

Contraria al pensamiento, la representación no requiere de deslindar al objeto, antes bien, teniendo todo objeto un lugar preciso dentro del entorno del que es parte, la representación lo rescata con todo y el entorno y las ligas que naturalmente todo entorno tiene con otros entornos.

En tal sentido la REPRESENTACIÓN tiene que ver con unidades, con una especie de omnisituación dentro de una totalidad. Por ello, la imagen extática, el arrebato de lucidez, es la forma más acabada de la REPRESENTACIÓN. La imagen eidética aún es traducible al lenguaje, pero la extática no. La imagen extática nos sumerge en un mundo omniperceptual, en donde parecemos "entender" todo pese a que nada podemos explicar una vez que salimos del éxtasis.

La REPRESENTACIÓN es un camino pero no para la comprensión o el entendimiento ni mucho menos para el conocimiento: lo es para la interacción del individuo con el cosmos, para el despliegue del espíritu. Todo ello como unidad orgánica, no como la parte individual que actúa con otras partes individuales.

El dibujo es en sustancia REPRESENTACIÓN, como tal debe asumirse. Por ello debe abordarse como un proceso total de expresión orgánica del espíritu. La mano que porta, que dirige, es cerebro en el momento del dibujo: traduce las sensaciones y percepciones del cuerpo. La mano (el pie, la boca) actuando en el papel (papiro, tela, tabla...), moviéndose en el viento, ya no obedece al balbuceante hemisferio izquierdo, el vértigo se lo impide: ella es parte de un todo, el centro de un remolino circunstancial que vuelve a la calma "concluido" el dibujo.

DIBUJO Y TRASCENDENCIA

Hemos vivido bajo la tiranía del pensamiento dificultando el paso a la sensibilidad, recortándola, recluyéndola en lo que los mecenas han querido entender por arte. El pensamiento es en sustancia un proceso que ha devenido ajeno a la sensibilidad: somos capaces de vivir en medio de la más espantosa contaminación e ignorar lo que nuestros sentidos nos indican.

El concepto se enseñoreo por sobre el precepto[9]. La lengua agandalló al habla. La inteligencia se puso a hacer "cositas" y con ellas alegremente dinamita al planeta. La sensibilidad quedó en cosa de vagos, borrachos y sensibleros. Había que hacer "cositas" (mercancías) para satisfacer la lógica del capital y del estado y para eso la inteligencia se pinta sola.

La inteligencia como efecto del pensamiento tiende a ser lineal. De hecho, la línea misma es un efecto del pensamiento, mientras que la mancha lo es de la sensibilidad. Línea y mancha son consustanciales al hombre y a su estructura orgánica, toda vez que el hombre es a su vez inteligente y sensible, piensa (asocia) e intuye y representa (interactúa).

Por él solo, el pensamiento es capaz de ser lineal o arbóreo y, cuando se aproxima a lo sensible: rizomático. Pese a eso, nunca rebasa la mera asociación arbitraria.

---

[9] Deleuze-Guattari: ¿Qué es la filosofía? Ed. Anagrama, Barcelona 1997.

Con la tiranía del pensamiento encima apenas es natural añorar al mundo sensible. Trascender debiera ser la consigna y no la sustitución de una función parcial del cerebro por otra igual de parcial. Ser inteligentes para sentir y percibir la inteligencia como un atributo más del hombre sin que esta llegue (ni con mucho) a ser su norma.

Ir a los bordes de la sensibilidad y de la inteligencia, de la representación y el pensamiento, de la idea y la intuición: esa es la tarea del hombre. Los puntos medios no son de equilibrio, puesto que siempre ignoramos los alcances de los extremos, los tamaños de los bordes. Alcanzar los bordes es la unidad, no porque los bordes se junten sino porque para abarcarlos se requiere abarcar al todo.

El dibujo mecánico y el dibujo eidético siempre están al borde de la indecencia. La línea para integrarse al dibujo como trascendencia debe irse al extremo: de línea regular tender a la línea quebrada o discontinua, a la línea que en sociedad con otras de su especie prefigura la mancha en un espacio en donde línea y mancha son una.

El punto o es una minimancha o una línea unipuntual. ¿Cuántos puntos tiene una línea? ¿Cuántas líneas tiene una mancha? Por ese camino difícilmente se llega a nada. Trascender el concepto en dibujo es trascender a la línea y a la mancha; es batirse (mancharse) en la línea y mancharse a rayones.

Solamente el imperio del pensamiento nos hace ver líneas y manchas en donde no las hay: decimos que la cebra es rayada cuando en realidad lo que tiene son manchas alargadas. De forma similar decimos que el leopardo es manchado cuando en realidad tiene líneas circulares irregulares.

El pensamiento nos obliga a mirar a la línea como un contenedor, como el "algo" limítrofe, cuando en rigor solamente esboza totalidades peregrinas prometedoras de interacciones, trozos del cosmos que de tan inasibles se escurren de flacos. La línea es el balbuceo de la sensibilidad titilante, del pensamiento virtual.

Desplegar parece ser la palabra clave para la trascendencia. Desplegar el dibujo, dejarlo que corra, unir el lápiz (gis, tinta, etc.) a lo que huelo, tacto, veo y demás. Olisquear en lo que no huelo y que se que está ahí, mirar bizco para buscarle ángulos a la imagen percibida, tales pudiesen ser otros tantos trucos para buscarle tres patas al gato ese que es el dibujo.

Es necesario Desplegarnos como posibilidad de realización y trascendencia. Rehuirles al arte y al pensamiento con sus requerimientos de exclusividad. El destino del hombre no está en el arte ni en sensibilidad alguna. Tampoco lo está en el pensamiento ni en la filosofía ni mucho menos en esta trampa para bobos que es la sociedad de consumo. El arte y el pensamiento pueden ser puertas de acceso al cosmos, no el cosmos mismo. Siempre se ha sabido: ser, es convivir con la demencia y la lucidez, pensar y haraganear, ver la tele y alucinar. Trascender es Ser, es ir mucho, pero mucho más allá de los orgasmos del arte y la filosofía. Cierto, la trascendencia es bastante vulgar, es ir a cantarle al viento, sin pesares.

Junio del 2000

APÉNDICE

Comunidad Xochimilco: Una Experiencia Civil

Cuando nos embarcamos en la construcción del sitio (**http://members.fortunecity.es/xochimilco**), partimos de la idea de recomponer o apoyar la vida colectiva en barrios, colonias y pueblos de Xochimilco, como una muestra piloto de lo que podría hacerse en otros ámbitos urbanos. Dos grupos de datos nos convencieron de que la idea era correcta. En primer lugar, partimos del ejemplo de los zapatistas quienes nos mostraban que su movimiento era posible por la vida colectiva que llevan. Pero al margen de los zapatistas, es posible comprobar que en comunidades indígenas, campesinas o citadinas (como algunas porciones de barrios como Tepito, Xochimilco, etc.) en donde hay vida colectiva, por mínima que sea, surgen posibilidades de existencia al margen de sistema. De esa manera, se forman pautas de conducta, moda, alimentación, ayuda solidaria, etc.; que son ajenas a las pautas de consumo, disciplina y sumisión que impone el sistema. Una comunidad con vida propia puede resistir mejor los embates de la opresión.

En segundo lugar partimos de la certeza que el sistema ha avanzado avasalladoramente anulando casi cualquier vestigio de vida colectiva. Resulta prácticamente imposible sacar de su ensimismamiento a nadie. La vida colectiva que se conserva se reduce a ámbitos religiosos o festivos muy determinados, pero difícilmente se registra en el ámbito de la supervivencia. Fuera de los ámbitos religiosos y festivos la vida es dominada por el sistema, el cual al controlar el sustento de la vida, está en posibilidad de controlar la existencia misma. De ese modo, en Xochimilco subsiste el culto autónomo colectivo al Niñopa, la organización colectiva y autónoma de la peregrinación a Chalma, la organización autónoma de posadas y un gran número de fiestas religiosas. A cambio de ello, los Xochimilcas dependen del sistema para obtener su salario en la mayoría de los casos, lo cual limita y está matando la vida colectiva. Es cierto que hay algún apoyo familiar en algunas actividades productivas, pero en general la producción, el comercio y los servicios son controlados por el sistema mediante los políticos, a la usanza del viejo PRI. Es decir, se acude a todo llamado de descontento, se mantiene una relación superficial sin ningún sentido social ni proyecto alguno, explotando así los contactos que se tienen. No se profundiza, se da atole con el dedo y con ello se mantiene contenta a la gente. De esa forma se obtienen control y votos, que es finalmente lo que los políticos buscan.

Toda vida colectiva requiere un sustento material. Al implantar microempresas en las comunidades y reforzar a las que ya existen, se busca que la gente no tenga que salir de su barrio, colonia o pueblo para que tenga tiempo de inventarse una vida. Pero si no se crea organización junto con las microempresas, éstas fácilmente caerán en la órbita del sistema, tal y como hoy sucede. Por ello, es necesario atraer a microempresarios, actuales o futuros, e ir construyendo con ellos una conciencia de autonomía. Creemos que hay condiciones para ello, ya que el xochimilca busca naturalmente la independencia al ponerse a vender alegrías, quesadillas, barbacoa, tortas, flores, hortalizas, etc. etc. El reto es vencer la mediatización que hoy practica el PRD, heredero del PRI en sus métodos.

Un grupo que trabajase a nivel de las festividades religiosas y laicas podría construir un sustrato social para apoyar el surgimiento de la autonomía mediante microempresas independientes. Actualmente los políticos trabajan individualmente a los más inquietos, pero no han podido penetrar a las festividades justamente porque no ofrecen nada sino grilla.

Comunidad Xochimilco intenta incidir en la autonomía de los Xochimilcas, pero reconocemos que poco hemos logrado, el arribismo nos ha estado ganando, mientras no generemos organización, seremos parche del sistema; ese es nuestro reto. Si no lo logramos, valdrá más reorientar el sitio a algo quizá folklórico, aunque sea solo para mantener la presencia y la esperanza.

Una Pequeña Tribu

Este proyecto lo iniciamos como parte de las actividades del comité vecinal de la Cañada del pueblo de Santiago Tepalcatlalpan, Xochimilco, D. F., México. Al principio éramos pura gente de la colonia Santa Cruz Xochiatlaco del pueblo referido quienes participamos en el proyecto, Unos anunciándose, otros atendiendo la Web y otros más con su presencia y voluntad. Algunos de nosotros con más experiencia política y contactos partidistas buscamos algunos apoyos para ampliar el proyecto, obtuvimos poco pero se logró lo que buscábamos, o sea promover al sitio y lograr que hubiese contratos para los que ahí se anunciaran.

En ese comienzo estábamos un taller de carpintería, un grupo musical, dos sonidos, un albañil, un pintor, un plomero y algunos otros más. Con el tiempo la organización recayó en los miembros de solo dos familias y más después en una familia, que somos los que permanecemos. Al principio nosotros mismos nos encargamos de ir a ver a productores y comerciantes, los cuales nos miraban con desconfianza porque nadie cree en la organización libre y desinteresada. Nadie podía creer que nosotros también éramos productores y que buscábamos a otros productores para juntos poder ofrecer algo atractivo a los clientes. Se trataba de que juntos pudiésemos ofrecer en un mismo sitio muchas cosas de las que la gente busca. No nos creían (y aún no lo creen) que siendo carpinteros, albañiles, etc. tuviésemos capacidad para hacer lo que hacen los políticos. En realidad nos filiaban con políticos que andaban buscando hueso, ya que eso es lo habitual en Xochimilco y en el planeta; los grillos dicen que hacen y después se cobran lo que hacen con los dineros públicos y el poder. Por esa razón no nos desanimó la incomprensión de la gente (o ultra comprensión, según se vea), porque en efecto, no podían saber nuestras intenciones si no nos conocían.

De cualquier modo logramos que se apuntaran muchas gentes, la mayoría de los que se anotaron lo hicieron solo porque era gratis, no porque el proyecto les interesara. Poco a poco fuimos quedando solamente tres gentes en el proyecto y teniendo solo el apoyo de la familia. Por desgracia eso nos impidió ampliar planes y nos limitamos solo a darle mantenimiento al sitio por casi un año.

Hoy ya no somos parte del comité vecinal, ahora los que lo atendemos somos ciudadanos comunes que sabemos de los problemas de los micro productores porque también lo somos, y además seguimos interesados en que haya organizaciones civiles que le quiten la tarea de la organización social a los políticos.

Ahora solo somos tres y sabemos que nos rebasan las ambiciones del proyecto, pero no aspiramos a concretarlo nosotros solos, esperamos algunas manos amigas. Pero aunque no se logre más de lo que hemos hecho, si no se puede hacer más, si nadie se apunta para ayudar en algo, ni modo, si no logramos apoyos para las tareas inmediatas que tenemos, nos conformaremos con alzar la voz en este medio para que se sepa que en algún lugar de Xochimilco hay un puñado de gente dispuesta ha hacer algo distinto de manera independiente y sin la participación de los partidos políticos.

Proyecto Para la Construcción de Comunidad Xochimilco

Condiciones sociales de las que se parte:

1. Pequeños negocios dispersos sin unidad ni solidaridad salvo las desprendidas de ligas familiares espontáneas.
2. Actividad microempresarial dispersa no orientada a la potencialidad xochimilca: que es turística y de producción de plantas.
3. Persistencia de una cierta mentalidad local que mueve a buscar ocupaciones independientes para vivir y progresar.
4. Condiciones perennemente desfavorables para el florecimiento de microempresas (inexistencia de canales de comercialización para la micro, falta de apoyos, falta de infraestructura orientada a las micros, falta de planes integrales de gobierno en torno a las microempresas).
5. Dependencia total del sistema para sostener a los pequeños negocios.
6. Comunidad fragmentada únicamente compartiendo experiencias colectivas en torno a la religión y algunas fiestas.
7. Persistencia de actividades colectivas de acción y concepción limitada en torno a fiestas religiosas y laicas.
8. Acciones colectivas independientes de corto alcance (festivales culturales de escasa concurrencia, fiestas poco populares, etc.).
9. Dispersión cultural debido a la inmigración producto de la venta de terrenos por parte de los xochimilcas.
10. Paulatina dependencia del empleo esclavizante e impersonal capitalista (la mayoría de los trabajadores laboran fuera de Xochimilco).
11. Predominio de una concepción política que parte de la dependencia de un líder.
12. Ausencia de una conciencia social en los actores políticos (locales y foráneos) y persistencia de una concepción administrativista (tipo porfirista) en las élites gobernantes.
13. Actividad política local exclusivamente orientada al voto. Se recurre al asistencialismo, apoyos personales, engaños, realización de obra, etc., para el logro de esos fines.
14. Acaparamiento de la vida pública por parte de partidos y políticos locales subordinados a directrices centralistas.
15. Natural desconfianza a la actividad política independiente (de los políticos ya se sabe que quieren y se les soporta para ver que se les saca).

Resumiendo: la reactivación de la vida colectiva por medio de la creación y fortalecimiento de microempresas locales, tropieza con un sinnúmero de obstáculos que van de la escasa vida colectiva al entorpecimiento de esta por parte de la actividad política local, pasando por todo el cúmulo de dificultades que supone la falta de apoyos para la microempresa que, pese a su importancia para el empleo no se le brindan apoyos oficiales suficientes.

Sin embargo, persisten algunos rasgos que pudieran servir para la intención de rehacer la vida colectiva. Tales rasgos podrían aprovecharse para contrarrestar el enorme peso muerto que suponen el resto de las condiciones desfavorables para la vida colectiva.

De ese modo, el proyecto, resumido, puede formularse de la siguiente manera, partiendo de que se cuenta con un equipo mínimo (tres personas) y los elementos indispensables para su realización (local, computadora, conexión y papelería):

Resumen del proyecto

1. Realización de una campaña intensiva de difusión del proyecto, mediante cartelería, folletos y volantes directamente pegados y distribuidos en las comunidades.
2. Acopio de información e instrumentación de apoyos a microempresas (para crédito, capacitación, asesoría, comercialización, etc.).
3. Búsqueda de fondos y apoyos para el proyecto entre políticos, personajes y empresarios.
4. Invitación directa para anunciarse en el sitio, para recibir capacitación apoyo para financiamiento y asesoría y para la participación directa en el proyecto.
5. Organización de reuniones por barrio y por pueblo para dar a conocer los detalles del proyecto.
6. Realización de reuniones para procurar una organización colectiva del proyecto y la participación directa de los beneficiarios del mismo.
7. Orientación del proyecto de acuerdo a la voluntad colectiva organizada.

La Experiencia

Este proyecto lo iniciamos solamente con el apoyo familiar, por lo que sus fuerzas nunca han sido muchas, intentamos acercarnos a algunas personas que se decían desencantadas de la grilla, pero no obtuvimos apoyo. De hecho, durante mucho tiempo tuvimos la esperanza de integrarnos a algún otro proyecto para participar en él, pero a donde volteamos solo hubo desierto. Quizá fue nuestra propia ceguera. La vieja calidez de nuestra cultura que exige una amplia confianza para poder actuar (tan bien aprovechada por los priístas y sus sucesores) nos ha impedido integrarnos a algún movimiento. Para que alguien te acepte en su grupo o te integre a tareas de interés, debes irte a emborrachar previamente una o varias veces, tienes que haber andado con ellos unos 10 años o tienes que ser exageradamente solícito al grado de la ignominia.

He visto como algunos individuos, sin irse a emborrachar, se han logrado colar a movimientos con la pura lambisconería. Un lame botas igual puede ser lugarteniente de cualquier guerrillero, político, gobernante o líder social. Vicios de nuestra cultura, nacidos no de su calidez, sino de la degradación de esta. Se ha llevado a la ignominia de la lambisconería a un pueblo de naturaleza cálida, amable y solidaria. Quizá hemos pecado de soberbios, quizá nos faltó la última lamida de un huevo para que nos apoyaran. Por eso seguimos solos y a lo mejor así morimos.

Pero nunca fue la idea ir solos, primero fundamos a la CND Xochimilco junto con otros desesperados, pero ahí lo único que sacábamos eran fechas de reuniones próximas. Finalmente los enviados de los zapatistas nos expulsaron porque tuvimos el atrevimiento de proponer que se integraran todos los que quisieran trabajar no importando su filiación política. Les atacó el purismo y nos echaron. Nuestra tesis era que no importaba si se colaban orejas y traidores, que de todos modos tendrían que trabajar y que si no lo hacían o se iban solos o los echábamos. Pero como el trabajo consistía en hacer puras reuniones, pues nunca se pudo saber si la tesis funcionaba. Hicieron bien, dinamitaron la organización incipiente que habíamos logrado, pero permanecieron puros.

Como militantes del PRD nos hicimos asesores de una diputada con la esperanza de hacernos de algunas manos y algunos recursos para Comunidad Xochimilco, conseguimos 500 carteles, 2000 trípticos y alguna ayuda para repartirlos, pero nunca se apoyó a la idea ni a la página que ya estaba en el aire. Todo lo que se hacía era trabajar con la gente con miras a las elecciones internas del partido. El que más prestigio tenía en el grupo de la tal diputada, era quien presentaba más listas de afiliados al partido, que eventualmente eran votos para el grupo. En ese tiempo fuimos líderes de algunos asentamientos a los que se cultivaba con promesas vagas. Los líderes naturales de los asentamientos finalmente optaron por lo correcto, se fueron con la diputada, porque eso era lo que más les convenía y ni modo. Una pregunta recurrente que hacían era: "Como se va a aprovechar políticamente a la página esa de internet", o sea, como le vamos a sacar votos. Mis respuestas eran ambiguas, ya que no buscábamos votos. Eso nunca me ayudó, terminamos abandonando (mi esposa y yo, aunque solo yo cobraba) a la diputada.

Más recientemente nos integramos al equipo del que sería el próximo delegado (hablo desde el 2002), pero la historia era la misma, reuniones en lo que lo más importante era alzar el dedo y decir sí, a lo que dijera el jefe. No había mucho que hacer ante un líder atribulado por un enjambre de lambiscones que no lo dejaban ni respirar, él mismo se concentraba solamente en la actividad electorera sin ceder a nada que sonara a social. Me dieron un hueso de líder coordinador de proyectos ganado 13 mi pesotes. Sirvió el sueldo, pudimos contratar Internet por un año, equipamos una máquina con video, compusimos otra e hicimos algunas cositas más para trabajar la Web y nos la pasamos desahogados. Es verdad, era rico gastar algo y decirse luchador. Pero la necedad fue mayor: renuncié. No tenía caso seguir de burócrata menor, ni el puesto ni el sueldo alcanzaban para dar el impulso que necesitaba Comunidad Xochimilco. Además, tarde que temprano me correrían, ya que tarde o temprano se iban a dar cuenta que yo no andaba en la grilla que a ellos convenía.

Aprendimos que los equivocados somos nosotros, el poder está para ejercerlo, disfrutarlo y explotarlo. No se puede criticar a un lobo por andar maloriando a las ovejas. Ellos luchan por la lana y el poder, jodido uno que cree que de veras quieren algo social tal y como dicen. Dicen y dicen pero pudiendo hacer algo no hacen nada, salvo soltar algunas migajas para hacerse publicidad, pero nada que moleste a los poderosos. Un ejemplo, la diputada que asesoré daba sueldos a un grupito, de dos mil mensuales y hasta unos 5mil. Con esos sueldos se ganaba a su grupo de incondicionales, con los cuales construía y construye sus reuniones, se platican lo democráticos que son, se dicen y se proponen y todos finalmente confluyen en la lucha por los huesos. Esa es la vida y la realidad que no hemos aceptado.

Ni Partidos ni Sistema

Los partidos, nadie lo ignora, son agencias de trámite para la colocación de políticos y sus lambistones, son parte integrante del sistema, un apéndice de él. Ni son entidades monstruosas, ni organizaciones corrompidas, son entidades reales en medio del mar del sistema que los arrastra. Son lo que son y si quieren seguirlo siendo tienen que aguantar las reglas del sistema, si no: nada de dinero, nada de TV, nada de Radio, nada de poder, nada de nada.

Ser militante de un partido es el acto más estéril e intrascendente. De hecho lo mismo da serlo o no, ya que los partidos dependen del dinero que les inyecta el sistema y sólo son significativos al cobijo del sistema, fuera de él no son sino entidades arcaicas, agrupaciones de lunáticos desfasados. Los partidos no dependen de su militancia, ésta es solo un requisito inicial de existencia, después, basta organizar bien su papel en el show de las elecciones para captar las simpatías de la gente y por ese medio el favor de su voto. Si la elección logra un nivel espectacular de entretenimiento, entonces se logra atraer a un número elevado de votantes, y eso basta para permanecer vivo y con los privilegios que el sistema otorga. Si los partidos son apéndices del sistema, los militantes lo son de los partidos. Debe recordarse que un apéndice está ahí, sirve de algo, pero puede extirparse cuando se quiera. Un partido es extirpable porque siempre pueden inventarse nuevos apéndices.

Los partidos siguen un calendario político riguroso que se traduce en actividades que ocupan todo el tiempo de sus administradores. Una elección se prepara burocráticamente, luego hay que organizar contingentes para las representaciones y pelearse para que nadie de los que se disputan los puestos acapare todos los sitios, ya que puede trampear la elección. Previamente hay que conseguir la mayoría de los puestos de decisión del partido, para legitimar todo. Pero lo anterior es la parte fácil, la difícil consiste en platicar con un mar de gente para atraerla al partido, para ponerla a trabajar gratis, para prometerles puestos y cosas a cambio de aliarse o para que no diga cosas desfavorables. Hay que platicar con la prensa para que no hagan propaganda nociva a candidatos o al partido y en fin, no queda tiempo para nada. Las intenciones de los estatutos y de los discursos quedan en letra muerta, en un mero adorno retórico. Cuando se deja el ámbito de los partidos, cuando se es ya gobierno, entonces ya se adquiere una responsabilidad universal, en la que se atiende a todos, sean del partido que sean, sea cual fuere su religión o ideología. Entonces hay menos tiempo porque hay que acudir a múltiples negociaciones, atender a enjambres de políticos, ciudadanos, conocidos, "viejos militantes", gente "muy bien preparada" y toda clase de bípedos que quieren un puesto en el gobierno, una ayuda monetaria, un apoyo con materiales y equipo, una cooperación para tal o cual obra o actividad. Surgen espontáneamente los grillos de pueblo para reclamar compromisos, para reclamar la realización de una u otra obra, para señalar "graves errores" administrativos; a todos ellos hay que atenderlos y torearlos. Pero la sociedad también reclama, hay que cuidar entonces el presupuesto, que las decisiones sean las correctas, que no haya fraudes y que si los hay no se noten tanto, que no haya irresponsabilidad de los colaboradores y si la hay que no rebase los límites de la decencia y en fin, que haya mucha administración. No hay tiempo para mirar el futuro, no queda nada para enfrentar los añejos problemas estructurales ni mucho menos hay tiempo para intentar alguna propuesta. De hecho, las cosas son así porque así las dejó el PRI y hay una larga historia creadora de una inercia que por ella sola se reproduce puntualmente.

El PRI dejó a un sistema andando capaz de funcionar y de auto reproducirse automáticamente. Como el sistema es piramidal, entonces a los que están arriba no les interesa que esto cambie. De hecho serían tontos si lo hicieran. No se llega al gobierno siendo lerdo. Es cierto, a lo mejor no son tan listos los del poder, ya que se están acabando a la gallina de los huevos de oro, pero en lo que se la acaban, bien pueden acumularse los suficientes recursos para sobrevivir una revolución. Con esa lógica se funciona. El sistema no da tiempo para nada, salvo para su auto reproducción. Círculo vicioso que nadie quiere romper y se entiende por qué.

Por eso no queremos nada con los partidos ni con el sistema. No queremos nada con ellos porque ellos no tienen sino tiempo para ellos mismos. No es que sean malos o que estén en manos de los enemigos, es solo que así son las cosas y a quien no le guste que no le entre.

Todo está calmo, todo está bajo control; ni los zapatistas son problema, ya no dan show y mientras no lo hagan no tendrán gente para legitimarse. Nada escapa ya al sistema, por ello, no hay que aislarse, hay que echarse un clavado al sistema para poder intentar algo. Ese algo es la creación de un poder ciudadano mediante la creación de comunidades productivas confederadas. Ése algo es la creación de la autonomía ciudadana.

Oponerse al sistema es hoy por hoy un acto estéril, aislarse un heroísmo inútil, seguirlo una locura. ¿Entonces para donde hay que andar? Proponemos que el camino es andar por micro sistemas con nuevas orientaciones de sentido y nuevas direcciones. La otra opción es la que se cansó de esperar la izquierda, la opción catastrofista. Lenin la esperó y le cuajó, surgió ese monstruo llamado la Unión Soviética, con los mismos vicios del sistema que heredó pero en proporciones gigantescas. Eso de esperar a que el sistema se hunda en sus propias contradicciones es, lo menos, ingenuo. Es cierto, el imperio romano así se hundió, por eso la izquierda mexicana se cansó de esperar y alegremente se sumó al negocio.

Qué Buscamos

Frecuentemente mi mujer y algunos amigos preguntan que, qué onda con "Comunidad Xochimilco". Más recientemente algunos correos preguntan lo mismo o sea ¿Cuáles son los objetivos de "Comunidad Xochimilco". Por tal motivo nos hemos puesto a completar todo lo que se apuntó para la página "Nuestro Proyecto".

En estricto rigor, y dada la escasa importancia que por hoy tiene el sitio, el objetivo del mismo es **Resistir**, resistir mientras podemos concretar algo más que una resistencia. Resistir para promocionar la idea y poder atraer voluntades que ayuden, voluntades que estén dispuestas a construir con la gente que menos tiene y con la que resiste. Hoy día no hacen falta limosnas ni lástimas, lo que faltan son voluntades dispuestas a desprenderse de la TV y del Cine y de otras tantas actividades controladas de esparcimiento para sumarse a una tarea colectiva que se trasciende a ella misma y que abarca a muchas individuos a los que trasciende.

No ignoramos que la tarea de atraer voluntades tiene muchos obstáculos, quizá el principal es la perversión que se ha logrado de propuestas como "El Cambio" (que tan bien explotó la derecha para llegar al poder), la revolución, la ayuda a los pobres, etc. Los profesionales del cambio, de la ayuda y la revolución cobraban y cobran buenos sueldos, por eso nadie les cree. Un buen negocio es meterse a defender a los pobres, formar movimientos para el cambio, etc. para sacar dinero de ahí o de menos lograr que te ofrezcan un puesto en el gobierno. Para atacar esto, lo que nos hemos propuesto es que trabajemos por objetivos. Lo principal es que se logren empresas comunitarias con fines sociales, que se abran mercados para esas empresas, que se rehaga la vida colectiva apoyando a grupos musicales, culturales, de mujeres, niños, etc. No podemos decir más, sabemos que las propuestas son como las llamadas a misa, el que quiere va y el que no, se hace que no oye. Hoy por hoy creemos en la autonomía que han reinventado los zapatistas, pese a que no somos zapatos. Hoy creemos que la resistencia es buena tarea mientras llega el tiempo de cosechar logros.

No dudamos que pensamos con y desde el sistema y a lo mejor para el sistema, pero sabemos que las cosas no andan bien, hay un cúmulo de gente sin más oportunidad que la de morirse de hambre mientras que hay otros que, de tantas oportunidades, terminan aturdidos por el nihilismo, la droga y la televisión. Ese mundo no está bueno, no gusta a nadie por más que se le tolere y e incluso usufructúe. Pero todos actuamos como si estuviésemos atrapados, atontados, drogados. Todos hacemos como que nada podemos hacer contra las tropelías de los Georges Bushes y los Huseines. Todos pensamos que tenemos mucho que perder, nuestros empleos, nuestra calma, nuestra casa. Nadie reparamos en los llamados de nuestra vergüenza.

Da pena andar por ahí arrastrando la existencia, peleando por un huesito, un lugarcito en algún lugar de explotación. A nadie nos ofende que nos encierren ocho horas haciendo cosas que ni nos vienen ni nos van, pero que resultan terriblemente aburridas y sin chiste.

Lo que buscamos en Comunidad Xochimilco es poner nuestro grano de arena, creemos que implantando empresas locales que destinen parte de sus ganancias a fines sociales (no a impuestos jineteados por los profesionales del poder), se puede rehacer la vida colectiva y con ello se pueden abrir posibilidades de existencia sustentadas en una producción propia y de comunidades hermanas ligadas mediante una gran confederación.

El objetivo que perseguimos es crear una comunidad piloto autónoma, para demostrar que es factible trabajar orientados hacia la autonomía en ámbitos urbanos. Más o menos lo que hacen los zapatistas pero en la ciudad. Para ello hay que trabajar con una mentalidad socio-empresarial, porque producir, aunque tiene su chiste, es más o menos fácil, lo difícil es vender lo que se produce, máxime cuando se produce en poca escala. Lo difícil es producir, vender y a la vez crear una conciencia de lo que se hace y de a donde quiere llevase eso que se hace. Por ello hay que ser empresario social. Pero sabemos que lo que decimos es difícil, por eso, como una cura para la decepción preferimos instalarnos en la resistencia, así no acumularemos los fracasos que llevaron a la izquierda a venderle su alma al sistema. Si finalmente logramos construir una comunidad piloto autónoma, nos daremos por bien servidos, al menos no habremos perdido el tiempo ante el televisor, viendo como Brozo nos habla de los malotes del sistema y de como el país se hunde.

Nosotros no somos dirigentes de nadie, por eso cada anunciante tiene contacto directo con sus clientes, nosotros no controlamos nada ni buscamos controlarlo. Lo que buscamos es que esos anunciantes se organicen y ellos mismos decidan por donde quieren ir. Pero hasta el momento nos ha faltado apoyo para ir a ver a los anunciantes para ver quienes de ellos se interesan en la tarea de contribuir a rehacer la vida colectiva y quienes solo buscan ganancias. Hemos propuesto que hay que hacer una gran campaña de difusión de Comunidad Xochimilco para posicionarla entre la gente, hacerla atractiva y poder empezar las tareas organizativas. Pero de ninguna manera creemos que eso sea lo único que haya que hacer; incluso, si el colectivo que apoya dice que hay que ir por otro lado, deberá de irse por donde el colectivo diga. Se trata de construir la conciencia del trabajo colectivo como fuente de beneficios y referente para la vida y el hacer.

Somos conscientes de que topamos ante el individualismo egoísta que impide el accionar colectivo, por eso proponemos crear micro sistemas de vida para hacer atractivo el trabajo colectivo. Somos concientes de que esta voz tiene mucho de un pregón en el desierto, porque no nos precede un prestigio político ni contamos con el poder del dinero. Tenemos un historial de activismo social pero no lo hemos publicado en "La Jornada". Somos simples y anónimos pensando como no se nos concede, haciendo propuestas a las que no tenemos derecho porque no hemos cerrado calles ni tomado por las armas ni siquiera el zócalo de nuestro pueblo, solo tenemos el derecho de nuestra propia voz.

Con estas notas queremos iniciar un esfuerzo más para las tareas que nos proponemos y que en resumen son las siguientes:

1.   Realizar una gran campaña permanente de difusión del sitio mediante:

a) Pega de periódicos murales en forma de cartel directamente en barrios y pueblos de Xochimilco.

b) Volanteo en barrios y comunidades.

c) Medios masivos de comunicación

d) Políticos y personajes públicos

e) Internet

f) Un periódico quincenal repartido directamente a la gente mediante tiendas en barrios.

g) Eventos públicos como conferencias, pláticas, cursos, etc.

2.   Realizar una campaña de búsqueda de financiamiento para:

a) Tener URL y Espacio virtual propios

b) Poder alquilar un local para atender y ofrecer servicios a quienes participen

c) Para adquirir uno o más equipos de cómputo

d) Para contratar una conexión a Internet

e) Todo esto supone que debe haber apoyo para visitar a posibles fuentes de financiamiento

3.   Conformar una dirección colectiva

4.   Discutir la noción de autonomía ciudadana y sus vías de concreción

Todo lo anterior nos debería llevar a cosas como

- La creación de una Economía civil
- La creación de una red de empresas sociales (privadas pero de beneficio social) de producción, comercialización y servicios y de una confederación de empresas-comunidades
- La construcción de un poder ciudadano
- La creación de una nueva cultura colectiva que ya no sea dominada la TV ni los Media.

Por hoy somos pocos y trabajamos de manera eventual en el proyecto, pero esperamos que pronto se sumen más gentes a esta gesta. No estamos casados con nuestra causa, con gusto aceptaremos ligarnos a otras causas e incluso sumarnos a ellas.

La Aventura del Ahuejote

El Ahuejote es un periódico catorcenal que circula prácticamente en Xochimilco pero que su director hace esfuerzos para que aparezca en otros sitios como: Ecatepec (al norte del D. F., en el Edo. Méx.), Milpa Alta , Tlahuac y Tlalpan. Es quizá el medio local de mayor importancia en Xochimilco. Cuando fui asesor de la Diputada local Torres Tello, me encargaba de echar los rollitos, los cuales obviamente firmaba mi diputada. Aproveche esa circunstancia para irme acercando a Pedro Cruz (director del "El Ahuejote") para ver que apoyo le sacaba para "Comunidad Xochimilco". Solícitamente Pedro aceptó poner un pequeño anuncio de "Comunidad Xochimilco" en cada número, lo cual sirvió mucho para la difusión de la página, que con ese impulso logró pasar del anonimato a las cinco visitas diarias; ya era algo, no por las cinco visitas, sino porque con ellas empezaron a llegar algunos pedidos importantes para nuestros anunciantes, y a caerle algunas chambas a los trabajadores independientes que se anuncian. Corría 2001 por ese entonces.

Con el tiempo, empecé a mandarle algunos artículos, y entre mi hija Luvina y yo, creamos la columna "Antropología en Xochimilco", en la cual intentamos dar testimonio de la cultura viva de Xochimilco. Ya encarrerado me hice una columna política llamada "De cosas peores" y de una filosófica, en la que plasmaba mis devaneos y mis furores. Con esas colaboraciones de hecho empezamos a pagar los anuncios que nos publicaba "El Ahuejote", toda vez que la relación con la diputada ya se había extinguido.

Para 2002, en febrero, me puse a trabajar en la Ventanilla Única de burócrata bien pagado. Trabajaba algunas horas y me daban más de 6 mil pesos a la quincena. Estuve algo incómodo, ya que a las eventuales que ahí trabajan les daban mil ochocientos pesos quincenales y son las que más trabajan. Yo era un elegido, un invitado, un privilegiado, que andaba de cola de ratón, pero privilegiado al lado de los eventuales. Mi lugar como parte del partido en el poder me dio acceso a alguna información de las cosas que no me gustaban y que hacían en la delegación, desde ineficiencias hasta pequeñas y grandes corruptelas. Algo de eso escribí en el Ahuejote y no cayó nada bien a nadie (de los del poder, aclaro). Pedro estaba muy contento con mis colaboraciones, pero recelaba de mí y de mi trabajo. Le propuse una columna zapatera con la información que sacan los zapatistas en Internet, le mandé una prueba; me dijo que sí pero no me dijo cuando. En otra ocasión unos brutillos me echaron mala leche y Pedro les dio el clásico espaldarazo como para ablandarme. Supe entonces que tenía que dejar de escribir en el Ahuejote, no se puede estar en donde se recela de uno. Para colmo, mi exacerbada independencia al escribir y participar dentro del grupo del ahora delegado y lo ácido de mis opiniones hicieron que también se enfriaran mis relaciones con la clase polaca Xochimilca. Dejé al Ahuejote y me alejé de la grillita en la que había buscado apoyo para el sitio de "Comunidad Xochimilco". Algunos grillillos de poca monta me invitaron a grillar con ellos pero ya me sabía el truco, no acepté.

Mi paso por "El Ahuejote" fue provechoso para las intenciones de Com. Xoch., nos enseñó que un poco de propaganda la hacía crecer enormemente, eso lo pudimos corroborar con algunas colaboraciones de algunos camaradas quienes aportaron carteles, los cuales diseñaron y pegaron. La visita subió a más de 30 diarias en ocasiones, y el promedio ascendió a unas 20 visitas diarias.

Aprendimos también que el mundo es real, que el sistema está bien hecho, es sólido y casi inatacable. Todo mundo participa de él y en él, hasta sus detractores contribuyen a sostenerlo. Todo parece un gran concierto, si no somos capaces de crear pequeños pero buenos conciertos, difícilmente podremos salir de esta trampa para bobos que es el sistema.

Algunas de las malas experiencias que narro me desanimaron, al grado que esto lo escribí casi medio año después de que lo dejé apuntado, pero poco a poco nos reponemos de esos sinsabores y vamos a ver hasta donde llegamos con esta intención de Com. Xoch.

Lo que iniciamos en El Ahuejote, lo continuamos en el sitio, poco a poco agregamos nueva historia viva de los xochimilcas. También albergamos la intención de hacer otros sitios en donde habláramos de otras tierras, de otras gentes que por ahí andan y que a lo mejor les ayudaba en algo que pudieran vender lo que hacen.

La Resistencia

Mucho tiempo nos entretuvimos buscando con quien trabajar, atrás habíamos dejado nuestras juveniles pretensiones de liderazgo, pero no hallamos nada. Buscamos movimientos a los que integrarnos, vimos el nacimiento de la CND con esperanza pero pronto desapareció sin dejarnos siquiera una desesperanza. Buscamos entonces compañeros de ruta, pero todos andaban ocupados en la autoconstrucción de su ser y en cosas que no entendíamos: nos seguimos quedando solos. Fuimos con los políticos y con el gobierno de Xochimilco pero ellos andan metidos en el negocio de los puestos de elección y de gobierno.

Entonces dijimos que había que crear nuestro propio movimiento, lo intentamos y en esas andamos, pero pronto nos dimos cuenta de que hacer nuestro propio grupo era hacerle al buey porque terminábamos dándole salidas al sistema tal y como lo hace la guerrilla.

No nos resultó nada, quedamos solos y sin nada como al principio. Supimos entonces que contra el sistema no se puede, supimos entonces que estábamos instalados en la resistencia. Aquí seguimos.

Resistimos. Ahora sabemos que lo que hemos hecho es resistir: resistir a que se nos imponga una moda, resistir a que nos seduzcan para participar en elecciones inútiles, resistir a ser un consumista más, resistir a los programas de estudio confeccionados por quienes no los estudian, resistir a escaparse mediante las vacaciones, resistir a ser encerrados en nosotros mismos, resistir a ser bello a fuerza, resistir a ser cola de autobús del gobierno, resistirse a pagar impuestos, resistir a ver la tele y sus comerciales, resistir a todo lo que no esté en la vecindad de nuestra experiencia y la de nuestros hermanos, resistir a los embates de nuestros propios compañeros y de nuestra propia mala voluntad. Esa es nuestra tarea: RESISTIR.

Por eso proponemos que hay que rehacer la vida colectiva a partir de oponer microsistemas al sistema, para resistir mejor sus embates.

Enero-septiembre de 2004